오문수 기자의

저 인물들 할 말이 많아

사람 사는 이야기

머리말

내 어릴 적 무더운 여름밤이면 시원해질 때까지 멍석 주위에 모깃불을 피워놓고 시원해질 때까지 어른들의 이야기를 듣다 졸리면 방에 들어가 잠드는 게 일상이었다. 모깃불 소재는 보리타작하고 난 까끄래기가 대부분이었지만 모기가 가장 싫어하는 소재는 삼을 벗기고 남은 찌꺼기였다. 삼 찌꺼기를 불에 넣으면 독한 냄새가 났기 때문이다. 당시 고향인 곡성평야의 7~8월은 삼이 울창하게 우거져있었고 삼 잎이 대마초였다는 걸 알게 된 것은 훨씬 뒤의 일이다.

멍석에 누워 하늘을 보던 나를 가끔 소스라치게 놀라게 한 건 혼불이었다. 별이 총총 빛나는 밤하늘을 가로지르며 재빨리 앞산 자락으로 사라지는 불빛을 본 어른들은 "3일 안에 누가 죽을란 갑다"고 하며 혼불의 의미를 설명해줬다.

시대적 아픔을 몸으로 체험해야 했던 고향마을

지리산과 가까운 우리 동네는 여순사건의 후유증을 겪을 수밖에 없는 곳이다. 어느 여름밤 앞집 사는 죽산댁이 우리 식구들이 멍석에 빙둘러 앉아 쉬고 있는 곳으로 놀러 왔다. 죽산댁은 자신이 시집오기 전 겪었던 사건을 얘기했다.

"어떤 사람이 동네 청년 하나를 잡아다가 커다란 고목에 묶어놓고 칼로 사지를 절단할 때마다 외치는 외마디 소리를 들었어요. 그 절규를 절대 잊을 수가 없어요"

어린 마음이었지만 죽산댁 얘기를 듣는 순간 삶은 무엇이고 죽음은 무엇일까? 왜 서로 죽여야하는가?에 대한 생각이 들기 시작했다. 철들지 않았기 때문에 이념이라는 건 생각해본 적 없었다.

늦가을이면 며칠간 행방이 묘연한 아버지에 대한 궁금증…"아! 그랬었구나"

아버지는 직계 형제가 없었다. 명절에 찾아가 인사드릴 친척도 없었다. 그런데 해마다 가을걷이가 끝난 11월 중순쯤이면 며칠간 집을 비우는 일이 있었다. 어머니한테 "아버지 어디가셨느냐?"고 물으면 "고흥 가셨다"고 대답해주셨다. 친척이라고는 아무도 없는데 "웬 고흥?"하며 머리를 갸웃거렸지만 더 이상 묻지 않았다.

초등학교 시절 친구들은 나에게 "문둥아!"라고 놀리며 장난을 쳤다. 내 이름 가운데 글씨가 '문'자가 들어가서 그런 줄 안 나는 "너 죽을래?" 하고는 웃어넘겼다. 초등학교 시절 내내 반장을 했기 때문에 나를 무시해서가 아니라 장난치는 걸로 판단했기 때문이다. 군입대 직전 누나가 나를 앉혀놓고 나한테 질문했다.

"네 어릴적 할머니가 너를 보러온 적 있었는데 아니?

나병에 걸려 소록도에 살고 계시던 할머니가 하얀 장갑을 끼고 썬글라스를 낀 채 새벽에 집에 찾아와 잠자고 있던 동생들을 둘러보고 가셨다"

할머니가 살아계셨다니 충격이었다. 그제야 아버지가 매년 가을이면 고흥에 가신 이유를 알았다. 나중에 들은 아버지 가족사는 질곡의 연속이었다. 작은 아버지는 5살 때 저수지에서 목욕하다 물에 빠져 돌아가셨다. 아버지 나이 9살 때 할아버지께서 돌아가시고 나환자가 된 할머니가 소록도로 가시자 남의 집 머슴살이를 하셨다. 성인이 된 아버지는 일본군 위안부로 끌려가지 않기 위해 결혼을 서두른 가난한 집 처자와 결혼했다. 아버지와 어머니는 11살 차이다. 수저와 젓가락 두 벌 밥그릇 두 개에 솥단지 하나만 들고 결혼식을 올린 두 분은 정말 열심히 사셨다. 자식들이 부지런하게 사는 연유는 부모님의 삶을 체험했기 때문이다.

자신을 지키기 위해 고집스럽게 사셨던 아버지는 근력이 다할 때까지 동리 사람들에게 초대받았다. 흙돌담 쌓기와 초가지붕 올릴 때면 이집 저집에서 일해달라고 요청이 왔다. 일 잘하기로 정평이 났기 때문이다. 친구를 만나면 농담도 잘하는 아버지에게는 아픈 가족사가 없는 줄 알았다. 그런 아버지가 돌아가시기 전 한 번쯤 나를 불러 아픈 가족사를 얘기해주고 떠나실 줄 알았다. 그런데 아무 말씀도 안 하시고 가셨다. 모르는 척하고 아버지가 부르기만 기다리기만 했던 나는 "왜 아무 말씀도 안 하고 가셨지? 사는 게 뭘까? 어떻게 살아야 할까?"가 화두였다.

아버지의 삶을 옆에서 지켜보며 살아온 나는 가수 장사익씨를 좋아한다. 한을 노래하는 장사익은 아버지 모습을 닮았다. 특히 그가 애절하게 부르는 <봄날은 간다> 가사를 들을 때면 아버지가 생각나 가슴이 아려온다.

> 연분홍 치마가 봄바람에 휘날리더라
> 오늘도 옷고름 씹어가며
> 산제비 넘나드는 성황당 길에
> 꽃이 피면 같이 웃고

꽃이 지면 같이 울던
알뜰한 그 맹세에 봄날은 간다

굴곡진 삶을 산 사람들 이야기에 가슴 아파하며 쓴 글들

6.25 전쟁 당시 700명의 빨치산이 주둔했던 임실 회문산 인근 회문리에 가면 22년 전에 면장을 했던 조종래(87세)씨가 계신다. 현재 거동이 불편해 집안에만 계신다는 그는 6.25 당시 무수한 시신을 목격했다.

15살 무렵 6.25가 터져 학교를 중단한 채 집에만 있던 그는 빨치산 간부가 된 초등학교 스승으로부터 공산당 세뇌 교육을 받았다. 이를 안 아버지가 외가로 피신을 보내 살았지만 빨치산 연락병이 되어 지리산까지 따라갔던 9명의 친구 중 한 명만 살아남았다.

조종래씨의 집안 형님인 조당래 시인은 빨치산에 끌려가 총살당하기 직전 학창 시절 친구가 그를 알아보고 살려줬다. 빨치산이 군경토벌대에 쫓겨 지리산으로 본거지를 옮길 때 "명령을 거역한 빨치산을 사살하라"는 명령을 받은 그는 산지기집 구들장을 파고 열흘 동안 누워있었다. 바깥이 조용해진 어느 날 산지기는 지게짐 밑에 그를 뉘인 채 10여㎞ 떨어진 회문리까지 가서 의경대장이었던 집안 형님의 도움으로 살아났다.

형님은 빨치산 대장, 동생은 국군 포병장교…<태극기 휘날리며> 실사판

내 초등학교 친구 중엔 나를 진심으로 옹호해주는 친구가 있다. 멀리 떨어져 살지만 진정한 지적 동반자라는 생각에 그 친구만 생각하면 가슴이 따뜻해진다. 내 글을 하나부터 열까지 읽어주며 의견을 물어보면 항상 "괜찮아!"하고 점잖게 대답하는 친구다. 공부를 잘해 의사가 됐고 형제들도 모두 사회에서 중추적 역할을 하는 그의 가족사는 '괜찮지 않았다'. 아픈 가족사가 그의 심성을 곰삭게 했는지도 모른다. 몇 시간 동안 끓여 우러나온 곰삭은 사골국 같은 친구. 그의 가족사는 내 가슴을 뭉클하게 했다.

그의 증조할아버지는 일제강점기 시절 면암 최익현의 제자로 항일운동을 하다 일경에 잡혀가 고문을 당했다. 고향에 돌아와 후학을 길러내기 위해 세운 서당이 일경에 의해 훼손되자 노거수에 목매 자결했다. 일제강점기 시절 일본에 유학한 후 귀국해 사회주의 운동에 뛰어들었던 친구의 큰 아버지는 빨치산이 고향마을을 습격했을 때 빨치산 대장이었다. 간신히 화를 피한 친구 아버지는 살아남기 위해 군입대를 택했고 포병장교가 되었다. 이념의 회오리에 휘말려 아슬아슬하게 줄타기를 하며 살아남은 인생 선배들 얘기를 쓸 때마다 내 가슴은 아려왔다.

이 책은 아픈 가족사를 갖고 돌아가실 날을 기다리는 인생 선배님들에게 드린다. 옆에서 묵묵히 나를 지켜봐 준 아내와 아이들에게 바친다. 무엇보다 내 글의 최고 애독자인 초등학교 친구에게 바친다.

차례

차례

차례

사람 사는 이야기

오문수 기자의 저 인물들 한이 많아

할머님을 찾아 소록도에 가다

천형(天刑), 모진 운명 살다가신 분

초등학교 때 일이다.

"문뎅아(문둥아)! 문뎅아(문둥아)!"

"너 죽을래?"

다른 장난은 괜찮았는데 이 소리는 정말 싫었다. 왜냐하면 이웃마을에는 나병환자들이 살면서 동냥을 다녔는데 "문둥이가 온다."는 소리는 울던 애기가 겁낼 정도로 무시무시한 얘기였기 때문이다. 문둥이들이 어린 아이의 간을 빼 먹으면 낫기 때문에 애들을 잡아간다는 소문이 있었다.

그 때는 다만 내 이름 가운데 '문'자가 들어있어서 장난치는 줄로만 알았다.

군 입대를 앞둔 어느 날 누나가 나를 불렀다.

"이리 앉아봐라. 너 할머니가 살아계셨던 사실 아니?"

웬 뚱딴지같은 소리.

아버지는 9살 때 고아가 되어 남의 집에 머슴 살다가 어머니와 결혼했기 때문에 가까운 동네에는 4촌 이내 친척이 없다고 하셨다. 있다면 남원에 사는 이모가 전부였다.

"실은 너 어렸을 때까지 할머니가 살아계셨는데 너희들에게 충격 주지 않으려고 이 사실을 숨겨왔단다. 할머니가 고흥 소록도에 나병환자로 살아계시다가 네가 초등학교 때 돌아가셨다."

충격이었다.

"그랬었구나. 그래서 친구들이 나를 그렇게 놀렸구나. 다른 친구들은 자기 부모님께 들었는데 나만 모르고 있었구나."

어릴 적 아버지가 이틀쯤 집을 비운 날, 어디 가셨느냐고 물으면 식구들은 고흥 친척집에 갔다고만 했다. '가까운 동네에도 친척이 없는데 웬 고흥까지'하고 생각했지만 대수롭지 않게 생각했다.

할머니는 손가락과 눈썹만 없고 다른 데는 그래도 괜찮았으며 인자한 모습이었다고 했다. 76세에 돌아가신 아버지는 끝까지 말씀 안하시고 돌아가셨다. 젊었을 때는 고왔다는 어머니가 지금은 83세로 살이 여위고 등도 약간 굽었다. 돌아가시기 전에 효도해 드려야겠다는 생각에 "소록도에

1 모진 운명을 종교에 귀의하여 할머니가 다녔을 소록도 교회

2 아이를 갖지 못하도록 거세시키는 수술대인 '단종대'

3 감염 방지하기 위해 자식들과 부모를 양쪽으로 격리시킨 채 얼굴만 마주보고 절규하며 탄식하는 수탄장

4 납골당

있는 할머니 묘소에 술이나 따라 드리자."고 했더니 흔쾌히 승낙했다.

"할머니 병을 아신 상태에서 결혼하셨냐."고 여쭤봤더니 "몰랐지만 그땐 하도 배가 고프고 못 먹어서 이웃집에서도 몇 명이나 나병에 걸려 소나무에 목을 매 자살하기도 하고 소록도에 수용되기도 해서 큰 흉이 되지 않았다."고 말했다.

천형(天刑)

나병이 현재는 약물치료가 가능한 전염병에 불과하다고 밝혀졌지만 일제강점기에는 전염성 질환으로 알려져 격리 수용되었다. 피부와 말초신경에 주 병변을 일으켜 치료가 되어도 얼굴과 손발이 변형돼 일반인들이 가까이 다가가기에 쉽지 않은 병으로 가족들까지도 멀리하게 되는 하늘이 내린 형벌이라고 알려졌다.

선착장에서 배를 타고 약 600m만 가면 사슴을 닮았다는 소록도가 나온다. 차에서 내려 도보로 가야하지만 노쇠한 어머니가 돌아가신 시어머니께 술이나 한잔 따라드리고 싶어 멀리서 왔다는 하소연에 병원까지만 모시고 가라는 허락을 받았다.

수탄장(탄식의 장) 앞에 섰다. 전염될까 두려워 직원들이 강제로 양편으로 갈라서게 하여 눈물로 "아들아!" "어머니!"를 부르고 있는 저 사진 속에 돌아가신 할머니와 아버지가 가슴을 쥐어뜯으며 절규하지는 않고 있는지. 사진 속에서 내 뿌리를 찾으며 가슴속에서 뭔가가 올라왔다.

병원에 도착해 할머니 인적 사항이 적힌 호적등본을 주니 너무 오래된 자료라 찾기가 쉽지 않단다. 그래도 아는 분이 직원들을 동원하여 여러 권의 장부 속에서 40여 년 전의 할머니를 찾아냈다. 누렇게 퇴색된 종이에 쓰인 할머니의 이름. 그동안 우리 집에서는 아버지를 제외한 누구도 알지 못한 실종된 이름이다. 돌아가셨다는 연락을 받고 아버지와 큰 형님

5 지상에 미련을 못 버리고 승천하는 할머니 모습 -조카 진경이가 그려줬다

6 할머니 묘소에 술잔을 올리는 어머니

7 바다 건너 고흥이 보이는 해수욕장

8 머지않아 완공될 연륙교의 모습

께서 다녀오셨는데도 동생들은 까맣게 모르고 있었다.

직원의 인도하에 납골당으로 갔다. 돌아가시면 10년간 모시다가 연고자가 나타나지 않으면 합장을 했단다. 결혼 후 꼭 두 번밖에 보지 못했다는 어머니가 묘소에 절을 하고 술잔을 따르며 목소리가 떨렸다.

"어머니 묘소에 술 한 잔 올리러 멀리서 왔응께 받으시고 이제 좋은 곳에서 편히 쉬세요."

할머니는 결혼 10년 만에 남편을 잃고 9살 큰아들은 머슴으로 보냈고 6살 난 둘째는 친척집에 맡겼으나 물에 빠져 변을 당하고, 당신은 천형을 앓고 살았으니 한의 세월을 사신 것이다.

병원을 나서며 지난 연말 울분과 증오로 번민의 날을 보내다 할머니의 지혜를 빌리기 위해 아끼는 후배와 함께 겨울 바다여행을 했던 해수욕장에 들렀다.

"할머니 저에게 지혜를 주세요."

"이 분노와 증오를 어떡할까요?"

"이 나라에 정의는 살아 있는가요?"

"승진이 뭐 대수냐? 난 내 몸 하나 건강하게 나아서 이 섬을 나가는 게 소원이었다."는 할머니의 음성을 들으며 내 마음의 갈피를 잡았던 곳이다. 3대가 서로 다른 의미로 피눈물을 흘렸던 소록도도 이제는 연륙교가 완공되면 언제든지 내왕할 수 있는 곳이 된다. 현재까지는 배편으로만 다니고 어느 정도 통제된 곳이었지만, 자유롭게 왕래할 땐 그들이 눈요기거리로 전락하지 않을까 걱정된다.

한 나환자가 어머니한테 "우리는 사람노릇 못했으니까 사람도 아니여."라고 말했던 게 귀에 쟁쟁하다. 차의 왕래가 잦다고 그들의 눈에 눈물 마를 날 있을까? 마음의 거리를 좁히는 것이 그들의 닫힌 마음을 여는 첩경이다.

(06. 09. 30)

폭력적 문명 향한 실천적 저항

백야도에 둥지 튼 '목수 투쟁가' 최병수

최병수. 목수였다가 경찰서에서 조사를 받던 도중에, 담당 형사에 의해 졸지에 관제화가가 돼버린 그가 따뜻하고 아름다운 여수바다가 한눈에 내려다보이고, 그림 같은 등대가 있는 백야도에 둥지를 틀었다.

역마살이 들어 한곳에 머물지 못하고 반전반핵 모임이나 환경회의만 있으면 빠지지 않고 참석하여, 전국으로 또는 전 세계를 돌아다니면서 반전과 지구온난화 문제를 외치며 걸개그림과 조각, 퍼포먼스를 하던 그였다. 하지만 병마 앞에는 장사가 없다는 말이 맞는 걸까?

최병수는 국졸 출신에 미대도 나오지 않았고 겨우 전수학교 2년 중퇴가 학력의 전부다. 그런 그가 한국에서보다는 AP와 로이터 등의 외국에서 더 유명해지자 뒤늦게 국내 언론사에서 알아보기 시작했다.

왜 우리 언론이나 미술계에서는 진작 그를 찾아내지 못했을까? 작가의 내면세계라는 정형화된 틀 속에 갇힌 제도권 미술계에서는 이단아 정도로만 취급하지나 않았을까? 고정관념에 사로잡혀서는 창조적 사고가 나오기 힘들다.

그의 신선한 아이디어가 미술 교육을 받지 않았기 때문에, 오히려 창조적인 생각과 개성으로 외국인들에게 부각되어 오늘의 그가 탄생하지 않왔나 생각해본다. 한편 교육을 받을수록 창조성을 잃어버리고 몰개성화 된다는 점에 대해 곰곰이 되새겨 본다.

그는 1960년에 서울에서 태어났다. 아버지가 목수인 가난한 집에서 태어났고, 어느 날 아버지가 사기를 당해 빚 독촉에 시달리는 모습과 가정 불화는 주위에 대한 반항과 저항의식을 가슴속 깊이 심어주었다.

인터뷰 도중 때로 상대방을 배려해야 한다는 통념에 젖어있는 나를 당혹케 한다. 마음에 들지 않는 것을 참지 못하고, 사회에 저항하는 기질은 아마 이때부터 길러지지 않았을까?

그는 가슴속에서 끓고 있는 수많은 분노와 격정을 단순하고 직설적으로 표현한다. 그래서인지 그가 던져주는 가치는 분명하고 단호하다. 그는

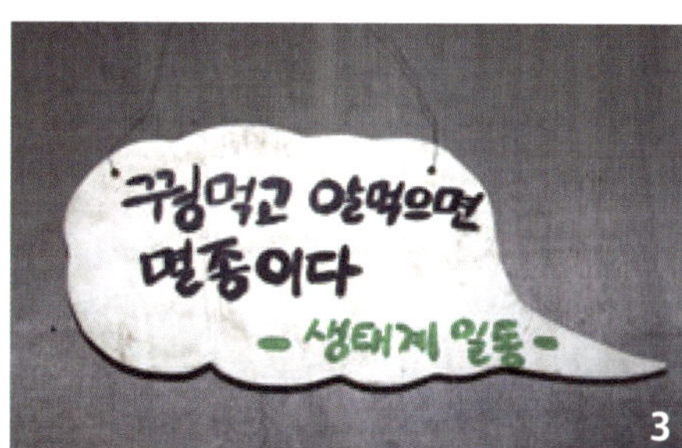

1 그의 작품들 앞에 선 최병수씨

2 다리 건너 보이는 곳이 최병수씨가 살고 있는 백야도이다

3 97년부터 그의 아이디어로 시작한 말풍선

남들에게 자신이 어떻게 보이는지, 자신이 어떤 모습으로 타인에게 비춰지는지 아랑곳하지 않는다. 그는 자신의 이익을 위해 행동하지 않는다.

허구한 날 말썽을 부리던 그였지만 숨어있는 재주가 있었다. 바로 목수인 아버지의 피를 이어받은 손재주였다. 초등학교 1학년 때부터 선생님과 주위의 친구로부터 만들기에 관한한 인정을 받았다. 전업사 기술자, 자장면 배달을 하면서도 나무를 깎는 일에는 신명이 났다.

한번 손을 대면 시간가는 줄 모르게 작업을 하여 다음날 작업장에서 꾸벅꾸벅 졸다가 주인한테 꾸지람을 듣기도 했다. 잠재된 분노와 욕구를 그림으로 조각으로 표출하면서 카타르시스를 느꼈으리라.

조각칼을 대는 순간은 사회에 대한 분노와 증오를 잊고 무아경에 빠질 수 있는 자신에 대해 또 다른 자아를 발견했다. 조각에 매료되어 집중함으로써 번뇌를 잊고자 하는 열망이 서서히 자라고 있었다.

최병수는 한 마디로 당시의 자신을 표현했다. "더듬이가 살아 있었죠." 라고.

그의 작품은 난해한 예술품이 아니라 생활 속에서 대중과 눈높이를 맞추는, 그만의 뛰어난 안목이 있었다. 현실을 통렬히 비판하면서도 증오와 저주가 아닌 환경과 보다 살기 좋은 사회에 대한 목마름을 해소하는 것이 그의 목표다.

경찰서에서 조서를 꾸미며 세어본 그의 직업 경험은 열아홉 가지에 달했다. 밑바닥에서 가진 자와 못가진 자의 문제에 고민하던 그의 산 경험은 고스란히 그의 뼛속 깊이 새겨져 작품으로 묻어난다.

스무 살이 되던 해인 1980년대는 군사독재 시절의 암울한 시대였다. 하지만 민주화가 뭔지 운동권이 뭔지도 모르는 그에게는 그림을 그리는 친구들이 있었다. 민족미술협회 회원인 친구들은 벽화를 그리는데 최병수에게 사다리를 짜 달라고 부탁했다.

우연히 유연복씨가 밑그림을 그린 <상생도>에 진달래와 개나리를 그렸다가 '신촌 벽화사건'과 '정릉 벽화사건'으로 경찰서에 끌려가 문초를 받으며 졸지에 화가가 됐다.

꽃 몇 개 그렸다고 화가가 되어야 했고, 공안 검사는 말도 안 되는 질문을 하는 게 이상해서, 이런저런 의문이 생겼고, 여기서부터 사회의 모순들에 눈을 뜨고 정체성 혼란을 겪게 된 와중에 <말>지에서 '인혁당사건'에 관한 글을 읽으면서 사회모순에 대해 깊이 고민하기 시작했다.

억울함과 불합리가 자신을 막아섰을 때 경찰서의 경험은 '이미지가 무기'가 될 수 있다는 생각에 민족미술협회에 가입하면서 본격적 미술운동의 길로 들어섰다. 87년 6월 민주항쟁을 경험했던 사람이라면 최루탄을 맞고 피를 흘리는 이한열과 그를 부축하고 있는 사람을 그린 걸개그림을 기억할 것이다.

'한열이를 살려내라'는 그의 그림은 6·29선언을 이끌어냈고 미술이 줄 수 있는 힘을 자각하는 계기가 됐다. 이 그림이 로이터 통신에 게재되면서 최병수가 비로소 세상 밖으로 나오기 시작했다.

그는 이때부터 본격적으로 작품 활동에 뛰어들어 '분단인' '노동해방도' '장산곶매' 등을 통해 사회정의에 대한 메시지를 던지기 시작했다.

88년도에 있었던 원진레이온 사건을 보면서 환경문제에 관심을 갖게 된 그는, 잘못된 것을 계속 생산하고 과소비하며 멀쩡한 물건을 쓰레기로 버리면 지구는 망한다는 주제하에 '쓰레기들'이라는 주제로 그림을 그려 브라질 리우회의(1992년)에서 각광을 받고 <AP통신>에 오르고 <TIME>지에 실리면서 더욱 유명해졌다.

그의 작품이 외국에서 유명세를 타면서 미술의 범주를 작가의 내면세계라는 틀 속에 가두었던 제도권 미술계에 화두를 던졌다. "현장미술은 이미지를 보고 문제점을 끌어내야 한다."는 게 그의 지론이다. 따라서 그의 그림은 매번 주제가 다르다.

그는 아이디어를 찾기 위해 몇 시간이고 한 곳을 주시한 후 이미지가 결정되면 대중의 눈높이에 맞는 단순하고 명백한 이미지를 그려낸다. 그

그의 말풍선을 본 외국인들이 따라 하기 시작했다.(2001.독일 본의 지구온난화회의) © 최병수

6.29선언의 기폭제가 된 그의 걸개그림 © 최병수

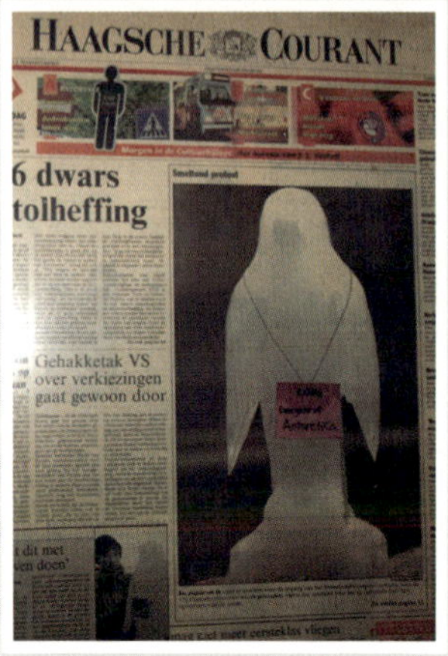

네덜란드의 헤이그 신문에 난 '남극대표'라는 부제가 붙은 그의 펭귄 작품 © 최병수

남아프리카공화국 요하네스버그의 세계정상회의당시 게재됐던 그의 작품 © 최병수

의 작업은 걸개그림이 되기도 하고, 조각이 되기도 하고, 퍼포먼스일 때도 있다. 재료는 종이, 캔버스, 나무, 못, 심지어 얼음까지 이용한다.

현장미술은 광대와 같아서 대중의 가려운 곳을 긁어주고, 아픈 곳을 정확하게 진단해 그것에 맞는 예술을 하는 것이 진정한 대중예술이라고 주장했다. 어느 날 우연히 남극의 펭귄 사진을 보다가 아이디어가 떠올라 펭귄을 이미지화하기로 결심했다.

지구온난화 문제를 다루는 교토의정서에서 '얼음이 녹으면 해수면이 상승하고, 해수면이 올라가면 펭귄도 사라진다'는 두 가지 생각을 하나의 아이디어로 결합시켜 일본신문의 일면에 게재됐다. 펭귄을 이용한 퍼포먼스는 전 세계에 온난화에 대한 화두를 던져줬다.

환경회의가 열리는 곳이면 전 세계를 돌아다녀, 남아프리카공화국 요하네스버그의 세계 정상회의가 열릴 때 '리우+10'의 행사에는 그의 '칵테일잔'이 전세계 언론에 뿌려졌다. 세계정상들이 칵테일을 즐기는 시간에도 계속 지구환경이 파괴되고 있다는 경고의 메시지였다.

그는 인간에게 가해지는 온갖 폭력적인 문명을 향해 그의 무기인 붓과 칼, 톱과 연장을 들고 일어선다. 인간의 더러운 욕망이 빚은 파괴의 현장, 인간의 어리석음으로 빚어진 재앙이 있는 곳, 경제적 이익만 좇아 서슴없이 벌이는 살육의 현장에 분연히 일어나 달려간다.

부안 해창 마을 앞 갯벌에는 새만금간척사업에 반대하는 장승제에 갯벌의 주인인 꿈틀거리는 갯지렁이와 게, 망둥어, 소라, 굴을 주제로 한 솟대를 세웠고, 2002년 7월 북한산 관통도로를 반대하는 사패산 터널 입구에는 10여 미터의 망루를 설치했다.

우리는 미군에 의한 노근리 양민학살에 분노하지만, 우리 안의 또 다른 부끄러운 모습인 한국군에 의한 베트남 푸옌성 양민학살 사건은 기억하지 못한다. 그는 베트남 푸옌성에 사죄와 평화를 기원하는 생명 솟대를 세웠다.

그의 집 대문을 열고 들어서면 망둥어가 사람들을 맞이한다. 갯지렁이, 펭귄과 곰, 돼지, 고래와 연어, 나비 등이 널려있다. 그의 동물관에 대해 <목수, 화가에게 말을 걸다>의 저자인 김진송씨는 '신화적 상상력'에서 나온 거란다. 그는 인간과 자연, 동물을 항상 동등한 시각에서 바라봄으로써 작품 속에 등장시키고 이미지화 한다.

그는 지금 기계문명을 둘러싼 반전과 성장 중심적 사고에서 비롯된 인간문명의 폭력성에 대해 항의하고 있다. 이라크에 들어가기 전 요르단 의사들이 수술하지 않으면 죽을 거라고 경고했음에도 3일을 굶으며 이라크로 들어가 바그다드의 해방광장에서 이라크전 반대 퍼포먼스를 했다.

그가 말하는 '소통'이란, 그림을 통해 감상하는 사람들이 '이해하는'것이다. 그는 피카소나 초현실주의의 그림에 대해 과연 몇 사람이나 이해할 수 있느냐고 반문한다.

그래서 자신의 화풍을 고집하기보다는 보이는 이미지를 형상화하여 사회에 문제점을 제기한다. 그는 아프리카 원주민의 그림을 '영혼의 울림'으로 여기지만, 피카소의 그림은 '돈'으로 보인다고 한다.

1 새만금 해창 갯벌에 세워진 솟대 © 최병수

2 한 이라크 할아버지가 폭격에 맞아죽은 손자를 안고 있다. 잘린 다리에서 평화를 그리는 꽃이 핀다 © 최병수

그림은 일반인들이 이해할 수 있어야 한다. 이 세상에 미술 아닌 게 없고, 음악 아닌 게 없단다. 미술 교육은 좋고 싫음에 대해 판단할 수 있도록 해야 하며, 회화를 직접 못하면 감상하는 눈이라도 길러줘야 한다고 말한다.

"터프하게 보이고 싶어서 머리를 빡빡 깎느냐?"는 물음에 1999년부터 목각 작업을 하면서 머릿속에 톱밥이 들어가 귀찮아 잘랐는데 시원하단다.

뒤틀린 심사와 함께 상업주의와 배웠음네 하면서 허세를 부리는 위선자들을 통렬히 비난하는 그로서는 항상 경제적 어려움에 시달려야 했다. 주위에서는 전시장에 전시해서 돈도 벌고 가정도 꾸리라고 권했으나, 그는 "운동을 하는 거지 화가가 아니다."는 말로 돈벌이에 무관심했다.

인간과 환경 지킴이의 투사 같던 최병수는 위암 3기로 위의 3분의 2를 도려냈다. 몸을 추스르기 위해 강화도에 살다가 우연히 지인이 초대해 여수에 왔다가, 따뜻하고 경치 좋은 백야도의 한 폐교 정문 입구의 조용한 집에서 요양과 작품 활동을 계속하고 있다.

전화를 받는 목소리는 몸이 불편한 환자라는 느낌이 들지 않을 정도로 카랑카랑했다. 내공 때문일까? 그는 얼마 전 자다가 지네한테 물렸는데도 가벼운 치료만 받았다. 오히려 "지네의 독이 어혈을 풀어 주는 보약이 된 것 같다."며 너털웃음이다.

바닷가에 살면서 몸도 많이 좋아지고, 서울처럼 골치 아픈 문제를 직접 대면하지 않아서 머리가 특히 맑아졌단다.

시간이 없어서, 의지가 약해서, 자신이 없어서 직접 나서지 못 하면, 행동하는 미술인, 실천하는 미술인을 이 사회가 나서서 후원해야 하지 않을까? 그는 지금 강남의 땅 한 평값도 안 되는 정든 이 집도 다시 떠나야 할 처지다. (06. 12. 31)

이별은 언제나 슬픈 것

태국 아카캠프 부모 방문의 날 모습

태국 수도 방콕에서 북쪽으로 758㎞ 떨어진 곳에는 북부지역 제2의 도시인 치앙라이가 있다. 치앙라이 공항에서 내려 약 70㎞쯤 떨어진 매소이를 지나 반 따오 카엔 잔이라는 조그만 마을에 들어서면 어린이 430명을 수용하여 돌보는 아카족 캠프가 있다.

아카족 어린이들은 캠프에 오기 전 혹심한 가난과 문맹으로 여자아이들은 섹스 산업에 팔려가고, 남자아이들은 노예와 비슷한 처지로 농장에 팔려가 에이즈나 옴 그 밖에 풍토병으로 죽어가고 있었다. 이들을 구하고 자신의 운명을 스스로 개척하도록 도와주는 최선의 방법이 교육이라는 판단으로, 교육과 위생에 최선을 다하는 것이 캠프 창설자인 데이비드와 아사의 신념이다.

12일, 일요일은 아카족 캠프에 기거하고 있는 어린이들의 부모가 캠프를 방문하는 부모 방문의 날이다. 멀리 떨어져 있거나 가까운 곳에 사는 부모들이건 상관없이 원하면 캠프를 방문해 자녀들을 만나고 갈 수 있다"

토요일 오후부터 캠프 주위를 깨끗이 청소하는 느낌이 일상적인 것으로 생각했는데 의미가 있는 행사였다. 일요일이라 예배를 보고 자유롭게 휴식을 취하는 분위기가 아니라 만남과 헤어짐의 작은 술렁임과 기대감에 젖어있었다.

캠프에 사는 430명의 어린이 중 부모가 없는 어린이는 50명이다. 이들은 찾아올 부모가 없다. 부모가 있는 아이들은 예배 중에도 입구 쪽을 바라보며 엄마나 아빠가 오셨나 하고 목을 빼고 보다가 부모가 보이면 살짝 빠져나가서 만나는 애들도 있다.

오늘 행사는 17일 만에 돌아온 데이빗의 설교와 더불어 그동안 함께 일했던 10명의 봉사자들이 작별인사를 하느라 무척 길게만 느껴졌다. 하긴 부모가 곁에서 기다리는 애들이야 오죽했을까?

10시쯤부터 오토바이나 마을에서 자동차 한 대에 타고온 부모들이 이제나저제나 행사가 끝나기만 기다렸다. 아카족 고유의상에 무거운 투구까지 입고 정장차림으로 찾아온 어른들 대부분은 키가 150~160㎝쯤 돼 보였다. 가만있어도 더운데 하얀 금속투구(은 제품이라고 하나 확인할 수 없음)를 쓰고 있는 저 여인들은 얼마나 덥고 힘들까?

백여 명쯤 올 거라는 부모가 30여 명밖에 안됐다. 행사가 끝나자 우르르 몰려온 아이들은 부모들을 찾았고 부모 품에 안겨서 얘기꽃을 피우다가 곧바로 엄마가 정성스레 만들어준 떡과 과일들을 내놓고 잔치를 벌였다.

캠프에서 먹는 쌀은 우리의 좁쌀처럼 작고 깨진 모습이어서 길이가 우리 쌀의 절반도 안 된다. 하지만 한 아빠가 싸온 밥은 우리의 찰밥과 같이 얼룩덜룩하고 밥알이 길다. 영어를 하는 학생의 설명에 의하면 '혼요'라고 하며 맛있단다. 아카족 마을을 방문할 때 산비탈에 심어놓은 벼를 자세히 살펴보니 우리의 천수답에 심는 '산두'라는 벼와 비슷하다.

알아들을 수는 없지만 아픈 곳은 없는가 묻기도 하고, 종기난 부분을 씻어주고 수건으로 얼굴을 깨끗이 닦아주는 부모마음은 어느 나라나 똑같다. 하지만 얘기 중간 중간에 열린 입 사이로 시커먼 이빨들이 보였다.

그들은 그 지방에서 나는 이름 미상의 나뭇잎 위에다가 아레카라는 나무 열매를 놓고 하얀색 가루와 회색 가루를 섞어 놓는다. 그 다음 검

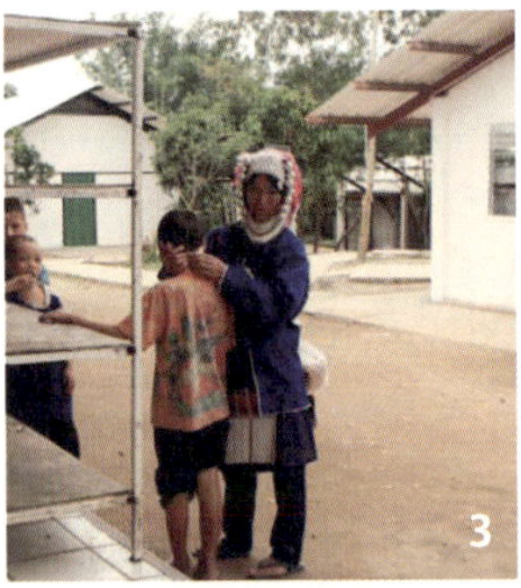

1 부모들의 면회 모습으로 앞에 있는 엄마는 전통 복장이다

2 아빠가 맛있는 찰밥과 닭고기 과일 등을 싸가지고 면회 왔다

3 측은한 눈으로 쳐다보는 엄마와 우는 아이

4 자신들을 위해 집을 지어준 자원봉사자들과 헤어짐을 아쉬워 아이들이 물위에 띄운 이별파티 꽃 장식

5 아카족의 씹는 담배로 맛이 고약하고 입안이 쥐 잡아먹은 모습이 된다

6 혹시 우리 엄마나 아빠도 오시려나 하고 입구 쪽을 뚫어지게 바라보며 나무위에 올라가 있는 아이들

7 면회 온 아버지가 입고 온 옷에는 예비군복으로, 병장 정X채라는 이름표가 붙어 있다

8 이안 부부가 호주로 떠나려하자 정들었던 아이가 눈물을 흘리고 있다

정색 덩어리를 함께 둥그렇게 싸서 물이 나올 때까지 씹다가 뱉는다. 이때 빨간 물이 나오는데 이빨이 검붉은 색깔로 변하지만 오랫동안 반복했기 때문에 '쥐 잡아 먹은 모습'이다. 담배와 같은 의미라는데 씹어본 맛은 고약하다.

죽순, 오이, 옥수수, 떡, 과자, 닭고기, 맛있는 과일인 리치를 먹는 동안 부모가 없는 아이들은 둘러서서 얻어먹을 수 있기만 기다리기도 하고, 아예 포기한 아이들은 멀리서 놀이에 여념이 없지만 이내 같은 감정에 빠진다.

부모의 마음은 측은한 모습이고 아이들도 곧 엄마나 아빠와 헤어질 것을 생각하니 섭섭한 모습이다. 부모가 없거나 오지 못한 아이들도 슬픈 감정에 싸여있기는 마찬가지다. 나뭇가지 위에 올라가 이제나저제나 오시려나 하고 목을 빼고 기다리는 모습은 안타깝다.

애들 사이를 둘러볼 때 이상한 복장이 눈길을 끌었다. 우리나라 예비군 군복에 병장 계급장 모습이 보여 "여기도 계급장이 우리와 같구나!" 생각했지만 아니었다. 이름표를 보니 '정X채'라는 정확한 한글 이름표가 보여 깜짝 놀라 물어봤으나 말이 통할 리가 없다.

"헌옷이 여기까지 와서 대접을 받고 있구나!"하고 상상만 했다. 옆을 보니 캠프의 공사 대부분을 알아서 제 일처럼 하던 이안 부부가 호주로 떠나기 위해 차에 오르려 하자 착하고 마음씨 좋은 릴레가 이안을 부둥켜안고 울고 있었다.

릴레는 몸이 심하게 아파서 학교에 가지 못하고 낮 시간에는 이안이 일하는 곳에서 얘기도 하고 잔심부름을 하던 아이다. 정이 흠뻑 들었던 모양이다.

만나는 사람은 반드시 떠나게 되어 있지만 헤어짐은 언제나 슬픔을 남겨준다. 이들의 이별의 아픔은 또 다른 만남의 연장이다. 더 밝은 미래를 위해서.

(07. 08. 13)

참! 지지리도 복 없는 인생!

넓고 넓은 바닷가에 오막살이 집 한 채

여수 '아름다운가게' 운영위원 총무인 나는 상반기 아름다운 희망나누기 실사 보고서 작성을 위해 신청이 들어온 신월동 넙너리를 방문했다. 넙너리는 '너울(파도)이 닿는 넓은 바닷가'라는 뜻이다.

전화 약속을 하고 현장에 도착한 곳은 말 그대로 파도가 육지에 닿는 넓은 해안가 마을이다. 도로로 사용되는 4~5m쯤 되는 방파제에는 수선하기 위해 펴놓은 그물이며 양식장에 사용되는 스티로폼들이 널려 있다. 허리가 꼬부장하고 160cm나 됨직한 할아버지의 웃음 띤 마중을 보며 어려운 가운데도 낙천적인 성격이라는 생각이 들었다.

찾아온 목적을 말하고 비가 샌다는 방과 비바람이 들이쳐 연탄을 쌓아둘 곳이 없다는 헛간을 보려는데 십여 마리의 개들이 사납게 짖는다. 지저분한 마당과 개들의 오물에서 역한 냄새가 풍긴다.

자세한 내막을 듣고 실사 보고서를 올렸는데 수익 나눔 대상자에서 제외됐단다. 아름다운가게 수익 나눔 대상자는 생활 실태가 안정적이지 못한 국민기초생활 수급자와 차상위계층 등 긴급한 지원이 필요한 저소득층 빈곤가구여야 하기 때문이다.

혼자 살며 집수리를 요청해 도와줄 방법을 찾았지만 헌 집이라도 지어

주면 대상자에서 제외돼 생계대책이 없는 그는 오히려 살기가 더 어려워진다는 것이다. 피난민 같은 생활 모습을 보고 며칠 동안 갈등하던 나는 다시 전화를 하고 할아버지를 찾았다. 원래 대상자를 밝히지 않도록 돼 있으나 할아버지와 주위 분들의 양해를 얻고 실명을 밝히기로 했다.

서일복씨는 올해 73세로 일본 오사카에서 태어나 해방직후 부모와 함께 부산으로 돌아와 살았다. 당시 초등학교 5학년이었던 그는 일본말을 잘했다. 대화 중간 중간에 일본말을 사용해 해석을 요구하기도 했다. 미장일을 하는 아버지를 따라 다니며 일을 돕기도 하던 그는 하모니카가 몹시 욕심이 나 부산 송도에서 아이스케키 장사를 해 모은 돈으로 하모니카를 샀다. 아버지를 따라 다니며 틈나는 대로 판자를 삼각형으로 세워놓고 그 속에 들어가 혼자 하모니카를 불며 실력을 쌓아갔다. "할아버지 하모니카 실력 좀 보여 주세요."하며 부탁했더니 바닷가에 자리를 잡고 즉석 연주를 하는 폼이 대단하다. 반주까지 곁들인 노래솜씨가 수준급이다. 귀에 익숙한 클레멘타인이다.

'넓고 넓은 바닷가에 오막살이 집 한 채
고기 잡는 아버지와 철모르는 딸 있네…'

할아버지 심정을 그대로 옮겨 놓은 노래를 멋들어지게 부르지만 숙연해졌다. 분위기 전환이 필요했다.

"할아버지 일본말을 잘 하십니다."

"일본에서 학교를 다녀서 그래요. 영어도 할 줄 알아요."

"I can speak English. I am a shoeshine boy"

"영어는 언제 배웠어요?"

"6·25 때 부산에서 미군 구두닦이를 하면서 배웠어요."

"여수가 원래 고향입니까?"라고 묻자 원래 경북 달성이 아버지 고향인데 총각 때 만났던 여자 고향이 여수라서 여기 정착했단다.

"원래 이 마을에서 사셨어요?"

"아니 처음에는 돌산대교 근방에서 살았는데 다리 가설로 철거돼 현재 이 마을로 이사 왔지.

"이사 올 때 어느 누가 도와주는 사람이 없었지. 객지이고 친척 친구도 없어요."

"자제분은요?"

"딸이 하나 있었는데 어느 날 바닷가에 신발 한 켤레만 남기고 며칠 동안 돌아오지 않았다. 바다에 빠져 죽어버렸는지 알았는데 수급대상자 정리하려고 주민등록 정리를 해보니 시집가서 어딘가에 살고 있어요."

"아니 그런데 아버지가 이렇게 힘들게 사는 데 한 번도 안 찾아와요?"

"한 번인가 찾아왔어요. 그 뒤로는 종무소식이죠. 사실 찾아와도 잘 곳이 없으니까 안 오는 게 편하죠."

1 양식장에서 쓰던 스티로폼 뗏목배는 낚시꾼들에게 바지선으로 태워주면 3천 원을 받는다.

2 하모니카 반주를 곁들인 노래솜씨가 수준급이다.

3 연탄을 쌓아둘 곳이 없다는 피난민 같은 생활 모습

4 무인도에 떠밀려와 쌓인 나무, 그릇을 모아 땔감으로 사용한다.

중풍을 앓고 계신 이웃집 할아버지가 말을 거든다. "실은 딸을 주워 와서 키웠어요. 부부간에 아기도 못 낳았죠. 부부가 밤에 헛잠만 잔 셈이죠."

"할머니는 언제 돌아가셨어요? 그리고 사이좋게 사셨어요?"

"노무현 대통령 당선된 날 죽었어요. 마누라하고 살면서 한 번도 겸상을 해본 적이 없어요."

"예? 한 번도 겸상을 못해요?"

"해물을 떼다 시장에 내다파느라 살기가 바빴지만 항상 술을 마시고 와서 그냥 따로 방바닥에 밥반찬을 차려 먹고 살았지."

"집은 어떻게 지으셨어요?"

당시 근방에 살던 상이용사 한 분이 "여기 빈 땅이 있으니까 집을 짓고 살아라."고 해서 두어 평되는 방과 헛간이 딸린 슬레이트 집을 지었다. 무허가 집인 셈이다. 서씨는 태풍이 불면 횡재(?)를 한다.

양식장에 쓰이는 스티로폼을 묶어 바지선을 만들고 인근 무인도에 떠밀려와 쌓인 나무, 그릇, 그물 등을 싣고와 집이나 개집을 짓고 좋지 않은 나무는 땔감으로 사용한다. 물은 양수기로 퍼 올린 지하수를 사용해 바닥에 진흙물이 떠다녀 반드시 끓여 드시라고 주문했다. 옆에 계신 할아버지는 "친구 왔다고 커피를 끓여주지만 나는 안 마셔요." 한다.

서씨는 요즘 부업이 하나 생겼다. 낚시꾼들에게 아침 일찍 바다 가운데 있는 바지선에 자신이 만든 뗏목배로 태워주고 오후에 돌아올 때 뭍으로 태워다주면 3천 원을 받는다. 어떨 때는 그것도 떼어 먹고 도망가 버리는 사람도 있지만 오천 원이나 만 원을 주고 가는 사람도 있다. 오늘은 재수가 좋은 날일까? 아니면 내가 카메라를 대고 사진 찍는 모습을 보고 그랬을까? 아무튼 싱글벙글이다. 2만 원이나 벌었으니….

'할아버지 좋은 날은 없었어요?"

"없었어."

"그럼 제일 힘들 때는요?"

"할머니가 죽고 아무도 없을 때가 가장 힘들어요. 그런 날은 담배를 물고 바닷가에 나와 하모니카를 불면 마음이 진정이 돼요." 그는 담배를 하루에 두 갑씩 피운다. 밥은 동에서 나오는 수당으로 쌀을 사서 혼자 해먹고 산다. 할아버지는 이빨이 거의 없다.

"할아버지, 이빨이 없는데 밥은 어떻게 씹어요."

"그냥 입념으로 우물우물 몇 번하다가 넘겨요. 반찬 같은 것은 수저로 잘게 썰어서 먹든지 죽을 쑤어 먹기도 해요."

"개는 어떻게 구했고 무엇을 먹이세요?"

"아파트에서 키우다 버린 것을 주워와 푸성귀나 식당에서 생선 머리 같은 걸 끓여 먹여요."

마침 거동이 불편한 이웃집 할머니(81세)가 산책하러 왔다가 대화에 끼어들었다. 결혼 십년 만에 남편이 두 아들만 남기고 일찍 죽어서, 부산에서 공무원 생활을 하며 여성 운동을 했다는 할머니다.

"고독이 이렇게 무서운 줄은 몰랐어요. 자식들은 용돈을 보내주지만 친구들은 다 죽었고 밤에 혼자 외로이 누워서 잠을 청하면 잠도 안와 수면제를 먹고 자요. 낮에는 이렇게 돌아다니니까 괜찮은데 집에 가면 반갑게 맞아 주는 사람이 아무도 없어요. 때로 자살하려고 흉기를 옆에 가져다 놨지만 내가 교회 다니는데 못하죠. 지금 희망이 뭐냐면 오늘이라도 죽었으면 좋겠어요."

"나는 혼자 살지만 집에 가면 개들이 꼬리를 흔들고 반갑게 맞이해줘요. 개들 보고 살죠. 얘들이 단돈 몇 천 원에 팔려 가면 가슴이 찡해요."

'식코'를 감독한 마이클 무어는 "한 나라의 수준을 알려면 극빈층이 어떻게 대우받는 가를 보면 안다."고 했다. 서 씨에게만 개가 더 위안을 줄까?

(08. 07. 07)

쥐 잡아먹고 겨우 살아난 친구 뉴욕에서 만나다

고생 끝에 미국서 자리 잡아, 부인과 아버지 암에 걸리기도

장티푸스에 걸려 죽음 앞까지 갔던 친구

'깨복쟁이' 친구. 혹은 소위 '××친구'라 부르는 그를 9월초 30년 만에 뉴욕에서 만났다. 원래 소탈한 성격에 사업이 잘 풀려서 그런지 임신한 배 같다. 친구와는 그동안 고향 동창 카페에서만 연락을 주고받으며 지냈다. "아무도 찾아주는 친구가 없어 외로웠다."는 친구는, 내가 뉴욕에 간다는 소식에 "생각만 해도 눈물이 나려고 한다."고 썼다.

1960년대 초등학교를 다닌 사람들 거의 대부분이 그랬지만 너무 가난했다. 시골에서 중학교 진학한 사람은 그래도 형편이 약간 나아 굶지는 않든지, 아니면 부모가 자식만은 이 지독한 가난을 면케 하겠다는 일념으로 당신들은 굶으면서도 학교에 보낸 집안 출신이다.

절반이 여학생인 6학년 2반 우리 반 학생 36명 중 여학생은 단 한명도 중학교 진학을 못하고 서울로 식모살이를 가든지 집안일을 도왔다. 나는 중학교 1학년쯤에 집에 오신 손님이 두고 간 빵(시골 상점에서 파는 롤케익처럼 둘둘 말린 빵)을 생전 처음 먹어보고 세상에 "이렇게 맛있는 음식도 있구나!"하고 며칠간 입속에서 그 맛을 잊지 못했다.

이 친구는 초등학교 때 몇 달을 결석했다. 아프다는 애기는 들었지만

그냥 형편이 어려워서 그랬겠지 하고 상상했었는데 이번에 결석한 사유를 실토했다. 친구가 들려준 얘기다.

초등학교 2학년 때인가 장티푸스에 걸려 머리가 다 빠지고 힘이 없어서 움직일 수가 없었다. 어느 날 죽은 줄 알고 자신을 멍석에 말아 산에 묻으러 가려는데 꿈틀거려 살아 있다는 걸 확인한 할아버지가 쥐를 잡아서 먹였다. 시골에서 구전으로 돌아다니는 대증요법의 하나이기도 하지만 그게 영양 보충이 됐으리라는 친구의 말이다.

초등학교 때 공부를 잘했지만 중학교에 진학할 형편이 못된 그 친구는 1년 동안 날마다 십리 길을 걸어 다니며 나무를 하다가 "이대로 내 인생을 시골에서 썩힐 수 없다."고 결심하여 쌀 한 자루를 메고 서울로 향했다.

1 초대받은 친구 집에서 가까이 지내는 한국인 친구들과 함께 삼겹살 파티.

2 30년 만에 만나는 친구가 호텔에 찾아왔다.

3 친구네 집

4 뉴저지의 한국인 전용 술집 - 온통 한국인뿐이다

철공소에서 일하며 고등학교 졸업, 결국 MBA 과정까지 마쳐

서울 신당동 철공소에 들어가 열심히 일을 하며 기술을 연마했다. 성실하게 일을 잘하는 모습을 본 철공소 주인은 "내가 너를 공부시켜 주마."라고 하며 오후 2시까지만 일하게 하고 야간학교에 보내줬다. 1970년대 당시 먹고 자고 월급 1,300원을 받던 시절이다.

열심히 일하고 공부한 그는 야간 공업고등학교를 졸업할 당시 4개의 자격증을 땄다. 졸업 후 77년에 엔지니어로 쿠웨이트와 사우디에서 일하다 82년에 돌아와 서울에서 건설업을 시작했다.

그 후 남미 도미니카 공화국에 공장을 짓고 다시 한국에 돌아와 원주에서 홍천까지 17공구 토목공사를 마치고 세종대학교 경영대학을 졸업했다. 외국생활에 대한 동경을 꿈꾸던 그에게 때마침 담당 교수가 UCLA의 MBA과정을 추천해 미국으로 건너와 월·수·금 3일은 학교에 가고 나머지는 건설 현장에서 돈을 벌며 학업을 마쳤다.

다시 서울에 돌아와 건설업을 하던 그는 좀 더 넓은 세상에서 살아보자는 마음으로 뉴욕에 건너와 금방 자리 잡았다. 한국에서 인문학을 전공한 대부분의 명문대 출신들이 할 일이 없어 세탁소를 경영하는 것과는 비할 바가 못 된다. 친구는 "미국에 이민 오려면 기술을 배워 오는 것이 가장 빠르게 자리 잡는 길이다."고 했다.

호사다마라 했던가! 잘 나가던 그에게 암초가 나타났다. 자신만 믿고 따라와 살던 부인이 유방암에 걸려 사형선고를 받았다. 3개월밖에 못살 것 같다는 의사의 말을 듣고 한국인 의사에게 무릎 꿇고 "살려 달라"고 울며 빌자, 최후로 수술을 한번 받아 보자고 하여 수술 후 완쾌됐다.

고향에 계시는 아버지도 임파선 암에 걸렸지만 완치됐다. 자신의 노력이면 다 이뤄질 줄 알았던 그는 자신의 능력을 넘어서는 보이지 않는 힘이 존재한다는 생각이 들어 종교에 의지하게 됐다.

우연히 흑인에게 한국말로 놀리다 망신, 이후 말조심 해

어느 날 건설현장에서 작업 감독을 하는데 유난히도 새까만 흑인이 이층에서 일하고 있었다. 그는 바로 옆에서 일하는 한국인에게 "저 친구는 완전히 연탄이네."하고 웃으며 말했다. 잠시 후 그 친구가 이층에서 내려와 "그래 연탄이다. 어쩔래?"하며 험상궂은 표정을 해 곤혹스러웠다. 알고 보니 그는 주한미군으로 8년간이나 근무했다.

미국에는 한국과 관계된 사람이 의외로 많다고 한다. 그 후론 항상 말조심을 하게 됐다. 가까이 사는 사람들과 의형제처럼 지내며 한국 친구로는 내가 처음으로 방문했다고 삼겹살파티를 벌여줬다.

만나본 한국 남자들이 이구동성으로 하는 말이다. 미국 생활은 여자들에게는 천국이다. 시댁에 안가고 경조사에 참석하지 않아도 되기 때문이다. 식사를 하는 동안 밤이면 불안한 치안이며 불량 흑인과 싸웠던 무용담을 늘어놓았다. 또 미국에서는 의료보험에 안 든 사람은 아프면 살림이 거덜나는데 한국은 전 국민 의료보험이 해당돼 부럽단다.

커피를 마시며 TV를 보니 우리나라 드라마가 실시간으로 방영된다. 심지어 운전하다 한국 소식이 궁금해 라디오를 틀면 실시간으로 들을 수 있다. TV나 라디오에서 한국의 암담한 소식을 들으면 답답해진단다.

월드컵과 올림픽 때는 교민들도 어깨가 으쓱해졌다는 친구는 한국이 잘 되기를 비는 건 해외교포 누구나 마찬가지일 것이라며, 제발 고국에서 좋은 소식만 들려왔으면 좋겠단다.

(08. 09. 19)

검도, 체력단련과 명상에 좋아!

캐나다 아가씨 샤나의 검도 사랑

샤나는 캐나다 밴쿠버 출신이다. 그녀는 5년 전 원어민 영어강사로 학원에서 일하다가 여수의 여도중학교에 근무한 지 4년째이다. 원어민 모집 광고를 보고 찾아와 면접을 할 때까지도 눈썹에 피어싱을 했었다. 그만큼 외국문화에 젖어 있었고 한국을 몰랐지만 지금은 김치뿐만 아니라 개고기도 먹어봤다.

학교와 학원에서 강의를 하는 원어민 강사들과 잘 지내지만 한국 친구들이 더 많다. 성격이 밝고 붙임성이 좋아 교사들과 여행도 하고 해마다 가족들을 초대해 한국을 알린다. 작년에 왔던 고등학생 조카는 대학을 졸업하면 자신도 한국에 와서 몇 년간 살다 가겠다고 약속했다.

그녀는 인터넷이나 참고자료를 이용해 항상 자료 있는 수업을 위해 애쓴다. 처음에 올 때는 막연히 영어를 할 수 있다는 점만으로 한국에 입국했으나 원격연수를 통해 호주에서 영어교수법인 티솔(TESOL) 자격증도 땄다. 한편 현재 영어교사를 위한 대학원 과정을 공부하고 있다.

"강압적인 분위기가 아닌 부드러운 분위기에서만 대화하고픈 생각이 들어 언어를 배울 수 있다."는 그녀는 재미있는 수업과 흥미를 위해 게임을 많이 활용한다. 하지만 학생들이 도를 넘으면 "야! 조용히 해!" 하고 경고도 하며 반 한국인이 됐다.

학교에서 선발된 학생들은 원래 잘하는 학생들이지만 그녀의 지도 덕분에 도 단위 경시대회에서 최고상을 휩쓸기도 했다. 학교에서는 그녀의 권위를 인정해 주고 수업의 집중도를 높이기 위해 말하기 평가를 그녀에게 맡기고 성적에 그대로 반영한다.

키도 크고 덩치가 큰 그녀가 어느 날 검도를 배운다며 퇴근해 해동검도장에 다닌다고 자랑했다. 힘들지 않느냐는 물음에 괜찮다고 한다. 전혀 어울릴 것 같지 않은데 무엇이 그녀를 해동검도에 쏙 빠지게 했을까?

샤나가 다니는 학동의 해동검도 김경석 관장의 설명이다.

"해동검도는 새벽아침 바다 위로 떠오르는 장엄하고도 찬란한 태양의 빛을 검에 담은 '검의 검광(劍光)'으로 정의를 실천하는 진리를 뜻한다. 일부에서는 검도가 일본의 무도라고 잘못 알려졌다. 사무랑들과 함께 만주벌판을 호령하던 우리 민족의 기상과 기질을 당당하게 보여주는 우리민족의 무도이다.

신라에 화랑이 있었다면 백제에는 싸울아비가 있었고 고구려에는 사무랑이 있었다. 고구려에서는 싸움에 나가 공을 세운 무사를 사무랑이라 칭송하고 대접했다. 검도는 '충·효·예·의'라는 교육이념 아래 리더로서의 역할과 자질을 갖춘 훌륭한 무사를 양성하고 배출하기 위해 가르쳤던 전통무예이다.

초기 자신과 공동체를 지키기 위해 시작된 검은 생존의 범위를 뛰어넘어 도(道)가 되었다. 검이 도가 된 뒤부터 자신만이 아닌 남을 위해 희생하고 사랑하는 정신이념이 깃들인 수련이 됐다.

남녀노소 누구나 쉽게 배울 수 있고 상체와 하체를 균일하게 발달시켜주는 신체단련 뿐만 아니라, 정신수련, 자제력, 인성교육을 제일 중요시하고 있다. 특히 유산소운동과 근력운동을 통해 성장과 비만해소에 효과가 있다."

어린 나이에 해동검도를 모르고 입문한 어린이들은 정좌하고 정신을 집중하여 수련하는 것을 힘들어 한다. 심지어 수련 중에 자신도 모르게 도복에 실수를 하는 수련생도 있다. 하지만 칭찬과 격려로 성장하는 수련생을 보며 보람을 느낀다는 김 관장은 샤나가 입관하기 위해 왔을 때 해낼 수 있을까 하고 반신반의했다.

김 관장에게 샤나 수련과정의 애로사항을 들었다. "초기에는 언어소통 문제로 힘들었어요. 특히 검도라 하면 부드럽고 강하고 빠르게 하라는 말을 알아듣지 못할 때가 가장 어려웠습니다. 또한 진검 수련시 대나무와 짚단 베기를 할 때 엉뚱하게 베기를 하고 놀라서 바라볼 때는 깜짝 놀랐죠. 처음에는 스승이나 윗사람에 대한 존칭을 사용하지 않았지만 지금은 존댓말을 정확하게 구사할 수 있게 됐어요."

샤나는 "검도를 하면서 살이 빠졌고 바쁜 스케줄로 쌓인 스트레스가

풀리며 명상을 통해 정신적으로 성장해 감을 느낀다."고 말했다.

역시 수련생으로 초등학교 교사인 이예진씨는 "단계가 올라갈 때마다 성취감을 느껴요. 또한 교사이다 보니까 수련 중에 배우는 학생의 입장으로 돌아가 자신을 되돌아보게 되고 체력이 좋아져 활기찬 수업으로 아이들과 공감대가 형성돼요."라고 밝혔다.

중학교 3학년인 안유정 양은 시험기간 중에도 도장에 꼭 나온단다. "검도 배우면서 성격이 개조됐어요. 말이 없었는데 남들이 못하는 걸 할 수 있다는 생각에 자신감이 생기고 적극적으로 변했어요. 시험기간에는 대부분 도장에 안 나오는 게 상식입니다. 시험 전 한 달 동안 결석했더니 성적이 더 떨어져 지금은 시험기간에도 꼭 나와서 연습을 합니다." 스트레스 해소와 명상을 통해 뇌에 산소 공급이 원활해져 집중력이 올라간 때문이라는 김 관장의 설명이다. (08. 12. 03)

숨어있던 1인치를 찾아준 <오마이뉴스>!

열차를 두 대 증차하고 TV토론에 출연하다

"자네 요즘 뭐하고 살아?"

"오마이뉴스 시민기자로 글 쓰고 지냅니다."

"오마이뉴스? 그게 뭔데?"

4년 전 내가 아끼는 후배한테 질문한 내용이다. 자세한 설명을 듣고 나서야 오마이뉴스라는 인터넷매체가 있다는 걸 알았다. 그가 쓴 글을 보면 대부분이 미담기사지만 가끔 사회 고발 내용도 있었다.

읽을 때마다 기존의 뉴스와는 다른 생경한 내용과 가슴을 울리는 사는 이야기 등에 빠져 들기 시작했다. 그때까지만 해도 기자는 나와는 먼 나라 이야기였을 뿐이었다. 그도 그럴 것이 글짓기라곤 초등학교 때 학급대표로 글 써본 게 전부였으니, 개 꼬막보기나 마찬가지였다.

그러나 생각지도 않았던 일이 생겼다. 내 일생일대에 결코 잊을 수 없던 승진사건. 부당한 법에 치를 떨며 몇날 며칠을 잠 못 이룰 때 내 사건을 언급하고 부당함을 지적해준 언론의 힘이 뼛속 깊이 느껴졌다. 나처럼 힘없는 사람은 어떻게 살 것인가? 어디에 억울함을 하소연할 것인가?

법? 그건 이미 가진 자들의 것일 뿐이었다. 사회정의를 위해 올바로 서 있는 언론은 어디에 있을까? 더군다나 나처럼 글짓기에 문외한의 글을 받아줄 곳이 있을까?

있었다! 후배가 기사를 쓰는 오마이뉴스! 바로 그거다! 때마침 내 억울한 사정을 누구보다 잘 아는 후배가 "형님, 오마이뉴스에 기사를 한 번 써보세요."라는 권유를 했다. 그때부터 육법을 공부하고 기사쓰기와 관련된 책을 여러 권 독파했다.

반신반의하며 올린 첫 기사는 나를 전율케 했다. 내게도 그런 구석이 숨어 있었구나. 그 때부터 틈나는 대로 선배들의 기사를 읽고 독서를 하며 사고의 영역을 확장하니 보이는 게 달랐다. 여느 말마따나 '목적이 이끄는 삶'이랄까. 사회와 사물을 보는 사고와 시야 및 느낌이 달라졌다.

2년 전 지인으로부터 하소연을 들었다.

"형님! 전라선 야간열차 배차 시간을 봐주세요. 미치겠어요. 서울에서 여수까지 오후 5시 반부터 11시 반까지 차가 한 대도 없어요. 서울에서 일보고 밤 시간에 이동하는 사람들은 어쩌란 말입니까?"

주변사람에게 확인한 후 전국의 모든 열차시간을 다운받아 시간대별 차종별로 배차시간을 분석하여 보니 기가 막혔다. 이 내용을 기사화하여 보도하니 여수의 시민단체에서는 증차를 요청하는 성명을 발표하고 국회에서 문제가 됐다.

배차 담당자는 신년에 여객열차 1편을 증편해주기로 약속했는데 두 대가 증편됐다. 아마 여수박람회가 성공해 여객수요가 늘어날 것으로 예상한 결과라 여긴다.

나는 역사와 문화에 관심이 많아 여수시 문화원 회원들이나 지역사회연구소 회원들과 자주 역사탐방을 간다. 여수 좌수영성 창설 사적비를 찾아 방문하고 안내간판을 봤다. 안내문에는 정조대왕 때 창설한 것으로 기록됐다. 하지만 오른쪽에 기록된 영문안내판이 문제였다.

전공이 영어이고 외국인들로부터 영어로 써진 안내문이 엉터리라는 얘기를 자주 들어서 유심히 들여다봤다.

‘정조대왕… → Kim Jeongjo….’

King을 Kim으로 잘못 써놓고 외국인들까지 보라니. 더군다나 박람회가 코앞에 닥쳤는데. 그밖에도 여러 문화재가 잘못 번역되거나 철자가 틀린 곳이 있어 “정조대왕이 김정조라니…”라는 제목으로 기사를 올렸다. 그 기사는 여수시내의 모든 영문 안내 간판을 고치는 계기가 됐다.

내가 근무하는 학교에 훌륭한 후배 교사가 있다. 항상 연구하고 남을 배려하며 학생들과도 이메일 교환을 통해 소통하는 제자들로부터 존경받는 교사이다. 그가 연구하는 분야의 수업연구발표가 있었다.

나는 그가 쓴 자료를 미리 읽고 수업연구발표 기사를 썼다. 그 기사는 교육부문 톱으로 올랐지만 잊어버리고 있었는데 후배가 다가와 “형님 때문에 저 큰상 받게 됐어요. 나 때문에 상이라니 무슨 상? 형님 기사가 국정감사에서 인용되고 제 보고서가 대통령상 후보로 올라갔어요.” 그는 국무총리상을 받았다.

외눈박이 세상에서 두 눈 박힌 내가 바보가 됐다는 생각에 본격적으로 사회정화운동을 하는 시민단체 공동대표가 된 나에게 시의회토론 제의가 들어왔다. 남 앞에 그것도 의원들 앞에서 기자들이 지켜보는 가운데 토론을 해야 한다. 한 번도 경험이 없는데. 고민하던 내게 자신감이 밀려왔다.

“그래! 한번 부딪쳐보자.” 사회개혁에 관심을 가지고 끊임없이 공부하고 그동안 기사를 통해 사회를 보는 눈이 달라졌다. 긴장은 됐지만 충분한 자료와 사회정화라는 의지 때문인지 전혀 떨리지가 않고 그런대로 괜찮게 토론을 마쳤다.

내가 썼던 ‘나 홀로 입학생’ 기사는 SBS에서 특집으로 15분간 방영됐고, 같이 근무하는 캐나다 출신 샤나에 대한 기사가 KBS 1 TV <러브인 아시아>에서 10분간 방송돼 그녀를 전국구 스타로 만들었다.

작년 연말이었다. 이번에는 여수 MBC방송국에서 여수박람회 성공을 위한 TV토론에 참여해달라는 전갈이 왔다. 60분간 계속되는 토론에는 시장과 박람회 관계자 및 교수들이 대상이었다. 무엇이든지 처음이 문제지 두 번째는 크게 문제가 안 된다.

그동안 기사 쓰면서 모은 자료와 해외사례를 충분히 모았기 때문에 그런대로 괜찮게 한 것 같았다. 칭찬에 인색한 아내도 녹화 방송을 지켜본 후 눈빛이 달라졌다.

방송국에는 내가 잘 아는 지인이 있다. 나중에 들은 얘기로는 토론후보로 내가 선정됐을 때 "시민단체 대표지만 교사가 뭘 얼마나 알겠느냐?"는 회의론이 일었다. 그 때 그분이 일갈했다고 한다. "교사는 사회에 관심이 없는가? 그렇다면 오마이뉴스를 검색해보고 기사를 한번 읽어봐라."고 했다. 이만하면 됐다는 내부 검토 후 TV토론에 등장했다는 후문이다.

오마이뉴스!

내게는 내 안의 사회적 분노를 소통케 해주는 훌륭한 도구이자 사고와 삶의 방식을 바꿔준 내 인생의 한 부분이다. (09. 02. 19)

바다사람들 나빠요, 왜 '새끼야'라고 부르죠?

네팔에서 온 청년 알킬

알킬은 네팔 출신 외국인 노동자다. 알킬의 고향은 네팔 수도 카트만두에서 약 200km 떨어진 포카라다. 인도 군인이었던 아버지는 9년 전 병환으로 돌아가셨다. 아버지가 돌아가셨기 때문에 알킬은 손에 문제가 생겨 병원에 입원해 계시는 어머니와 두 여동생의 학비까지 책임져야 하는 가장이기도 하다. 간호학교에 다니는 여동생의 학비는 다른 과에 비해 비싸다고 한다.

알킬은 작년 6월에 어업비자로 입국해 현재 여수에서 정치망 어선 선원으로 일하고 있다. 정치망이라 배를 타고 외해로 나가지는 않지만 일이 무척 힘들다. 같이 일하러 왔던 다른 친구는 일주일만에 손을 들고 떠나 버렸다. 물때가 되면 보통 오전 2시쯤에 나가야 한다. 때를 놓치면 고기가 도망 가버리기 때문이다.

여름철에는 일요일에도 쉬지 못 한다. 물때를 맞춰야 하기 때문이다. 오죽했으면 추석날에도 일을 하고 저녁 늦게서야 동료들이 있는 외국인 노동자 센터에 왔을까. 태풍이 오면 무거운 그물을 해안에 끌어올려 놔야 안전하다. 올해는 태풍이 세 번이나 와 너무 힘들었단다.

그는 동료들이 있는 외국인 쉼터에 올 때마다 삼치나 오징어 몇 마리와 채소를 들고 온다. 선장이 팔만한 가치가 없는 작은 고기들을 가져가라고 허락해서 들고 온 것이다. 한국에 온 지 1년 여가 조금 넘은 그는 다른 누구보다 한국말을 잘한다.

그는 바람 불어 조업이 없는 날 이웃집 할머니들을 찾아가 말도 배우고 밭일을 거들어 준다. 일할 사람이 없고 외로운 할머니들이 젊은 외국인이 대화를 하며 일을 거들어 주니 고마운 게 당연지사. 조금씩 나눠먹는 게 시골인심이다. 자신은 고향에서 할머니 할아버지와 함께 대가족으로 살았고 가족이 생각이 나고 일이 없는 날 할머니들을 자주 찾는다고.

추석(22일)에도 비닐봉지에 싸온 고기와 채소를 곁들여 친구들을 위한 닭고기 요리를 준비했다. 월급이 100만 원 정도 밖에 안 돼 힘들 텐데 항상 웃는 얼굴로 친구들을 대하고 먹을 것을 준비해준다. 그리곤 오전 2시가 되면 일터로 나간다.

외국인 노동자를 돕는 박용환씨는 그를 향해 "낮은 곳으로 내려온 왕"이라고 칭찬한다. 도대체 그의 심성의 깊이가 어디까지인지 잴 길이 없다고 한다.

그는 네팔 국립대학교에서 영문학을 전공했다. 영어로 언제든 대화가 가능하고 한국말이 서툴면 영어로 한다. 영문학을 전공했지만 가난한 네팔에서는 취업할 곳이 마땅치 않아 요리사 자격증도 땄다. 네팔 5성급 호텔에서 1년 동안 일한 요리사 경력도 있다.

그의 친한 친구 라왓은 수의사다. 그는 한국에서 열심히 일해 고향에 사무실을 마련해 수의사로 개업할 예정이다. 라왓은 전남권에서 열렸던 외국인 한국어 말하기 대회에서 우수상을 수상하기도 했다.

외국인들의 한국생활 중 가장 힘든 점은 무엇보다도 한국어다. 알킬이 한국말을 잘하는 비결은 아무하고나 쉽게 친해지는 성격 탓이다. 그는 몽골, 파키스탄, 네팔, 태국, 필리핀 친구들과 한국말로만 대화한다. 각자의 언어가 다를 때는 한국어로 하는 게 쉽기 때문이다.

알킬은 자신보다 한국에 오랫동안 머문 사람들이 한국어를 못하는 이유를 "5년 동안 한국에 머무는 중국인들이 아직도 저보다 한국말을 못한다. 왜냐하면 친구들과 중국어로만 대화하기 때문."이라고 말했다.

알킬과 라왓에게 네팔어와 한국어의 어순에 대해 묻고 한국어 배우기가 어려운 가에 대한 여부를 물었다.

"네팔어도 한국어와 마찬가지로 주어→목적어→동사의 어순입니다. 그래서 우리가 영어를 배울 때 한국 사람과 마찬가지로 힘들어요. 하지만 한국어는 단어만 알면 어순이 같기 때문에 쉽죠."

알킬에게 한국 생활에 대해 물었다.

– 알킬! 한국 생활은 어때요? 그리고 무엇이 가장 힘들어요?

알킬은 네팔 출신 외국인 노동자다. 알킬의 고향은 네팔 수도 카트만두에서 약 200km 떨어진 보카라다. 인도 군인이었던 아버지는 9년 전 병환으로 돌아가셨다. 아버지가 돌아가셨기 때문에 알킬은 손에 문제가 생겨 병원에 입원해 계시는 어머니와 두 여동생의 학비까지 책임져야 하는 가장이기도 하다. 간호학교에 다니는 여동생의 학비는 다른 과에 비해 비싸다고 한다.

"한국말이 아직도 제일 힘들고, 그 다음은 한국 음식이 안 맞아 고생했죠. 그래도 지금은 괜찮아요. 네팔은 바다가 없는 나라이기 때문에 학교 다닐 때 항상 바다를 그리워하며 살았죠. 그런데 지금은 자나 깨나 바다에 살아서 좋아요. 허허허…."

– 본인도 힘들 텐데 왜 그렇게 친구들한테 잘하죠?

"저는 고향에서 대가족으로 살았어요. 가족들은 서로 사랑하며 살았죠. 저는 이 외국인 노동자 쉼터를 제 집으로 여깁니다. 그리고 여기 있는 친구들은 돈도 못 받고 지금 직장을 못 찾는 친구도 있어 나보다 힘들어요. 그래서 외국인 노동자 쉼터에 있는 친구들을 가족이라고 생각해요."

– 한국 사람들이 고쳐야 할 점은? 그리고 한국에서 있었던 재밌는 일은?

"대부분 한국 사람들은 좋아요. 이제는 선장을 아버지라 부르고, 선주는 할아버지라고 불러요. 그런데 바다 사람들은 나쁜 사람들이 많아요. 서울에서 일할 때는 제 나이 25살인데도 "아저씨! 아저씨!"하고 불러 주는데 바다 사람들은 "~새끼야! 이리와! ~새끼야! 저리가." 이래요. 그런데 시내에 나오면 "이리오세요. 저리가세요."하며 "요"를 붙여요. 저는 바다에서 살다 보니까 바다 사람들 말만 배웠죠. 하루는 카드가게에서 "네팔 카드 있어?"하고 물었더니 주인아저씨가 "내가 네 아버지보다 나이가 더 많은데 말을 배우려면 좋은 말을 배워라."라고 충고하는 겁니다."

대화를 끝내고 새벽 일찍 일터에 가야한다며 발길을 돌리는 맘씨 좋은 알킬. 내 어릴 적 대학교를 졸업한 이웃집 형이 독일 광부로 합격했다고 좋아하던 이웃집 아주머니 생각이 난다. 베를린에서 배낭여행하다 곤경에 빠진 나를 도와준 간호원 출신 한국 아주머니가 생각난다. 그녀는 광부출신 남편과 함께 베를린에 정착했다. 알킬! 코리안 드림을 이루고 한국에 대해 좋은 기억만 가지고 가길….

(10. 09. 24)

염산테러로 화상 입은 아내 성형수술이 꿈이에요

방글라데시에서 온 압둘러의 꿈

압둘러윺은 방글라데시 출신이다. 한국에 온 지는 100일이 조금 넘었다. 여수 돌산의 해산물업체에서 열심히 일하는 그에게는 꿈이 있다. 그러나 여타 외국인 노동자와는 다른 꿈이다.

한국에 온 모든 외국인 노동자들의 꿈은 3~5년 정도 열심히 돈을 벌어 고국에서 집을 사거나 자동차를 사거나 자신의 사업체를 갖는 것이다. 그러나 압둘러의 꿈은 다르다. 돈을 벌어 아내인 고히누르 러윺을 한국에 데리고 와 성형수술해 주는 것이다.

지난 2004년 몇 명의 불한당들이 뿌린 염산테러로 아내가 얼굴과 가슴, 목과 팔에 화상을 입었기 때문이다. 테러 당시 염산을 뒤집어쓰고 빨갛게 살이 녹아내려 참혹한 모습으로 일그러져 있는 그의 부인의 사진은 현지 신문에 보도되었다. 다음은 염산테러를 당한 그의 아내에 대한 방글라데시 신문보도이다.

"2004년 10월 3일. 일요일 밤 8시 보그라 외곽지역에서 한 주부가 괴한들로부터 염산테러를 당해 화상을 입었다. 압둘러윺과 그의 아내 고히누르 러윺(35)은 저녁 8시경 이웃에 사는 여동생 집으로 가던 중이었다. 그때 갑자기 4명의 괴한이 그의 아내에게 염산을 뿌렸다. 염산은 그녀의 얼굴과 상반신에 화상을 입혔다. 그녀는 즉각 보그라 모하메드 알리 병원으로 후송되어 치료를 받았다. 지역 법원에서는 자히둘과 압둘 후세인 간에 토지소유권에 대한 재판이 있었고, 피해자 고히누르 러의 남편은 증언을 하고 있었다. 압둘러윷은 재판에 대한 증언이 염산테러의 이유라고 말했다."

압둘러의 법정 증언 당시 범죄자가 구속된 상태였고 그는 가난과 빈곤

방글라데시에서 온 압둘러윷. 그의 꿈은 염산테러로 화상을 입은 아내의 성형 수술비를 마련해 한국에서 수술시켜 주는 것이다. 현재 여수 돌산의 해산물 업체에서 근무 중이다

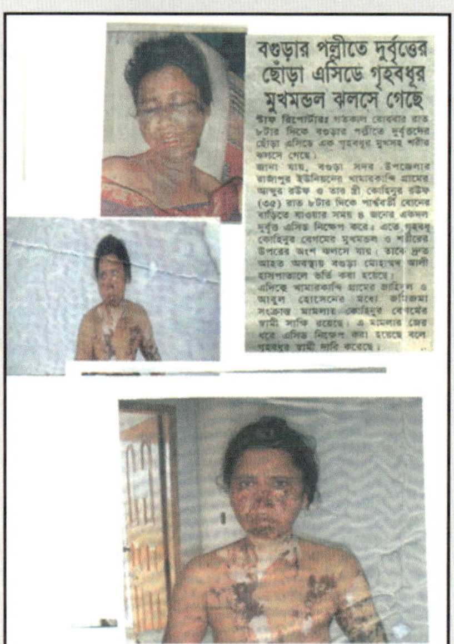

বগুড়ার পল্লীতে দুর্বৃত্তের ছোঁড়া এসিডে গৃহবধূর মুখমন্ডল ঝলসে গেছে

2004년 10월 3일. 방글라데시 신문에 보도된 압둘러의 아내 고히누르 러윷의 염산테러 사건 보도 사진. 3개월 후면 한국에 와 성형 수술할 예정이다

퇴치, 마약과 강간 등의 불법 행동근절, 무상의료혜택을 주장하던 시민단체의 상임이사였다. 압둘러윺은 가난으로 도움 받을 수 없는 사람들을 위해 증언하고 있었다.

의류회사의 관리자였던 압둘러윺은 대학을 졸업하고 대학원까지 다녔으나 졸업시험을 못봐 대학원 졸업은 아니나 영어 실력이 뛰어나다. 아내의 성형수술비를 벌기위해 한국정부가 허용한다면 영어 과외라도 하고 싶어 한다.

그는 한국의 문화와 한국인들의 따뜻한 마음씨에 감사하고 있다. 한국은 세계에서 아름답고 평화로운 선진국 중 하나라고 여긴다. 수술경비가 얼마가 될지 모르지만 걱정이 된 그는 할 수 있다면 과외나 파트타임으로 돈을 벌고 싶어한다. 하지만 그의 E-9비자로는 과외나 파트타임으로 일할 수 없다.

한 명의 아들과 두 명의 딸을 둔 그는 한국에 5년 정도 머물며 돈을 벌어 아내에게 성형수술을 해 주는 것이 꿈이다. 현재 그의 부인 고히누르러윺의 건강상태는 괜찮은 편이지만 화상 치료 후유증으로 고통 받고 있다. 그의 아내는 3개월 후에 한국의 큰 병원에 와 수술을 받을 예정이다.

자신을 고용한 사장님은 좋은 사람으로 자신에게 잘 대해주고 주위의 한국 사람들도 친절하게 해주어 한국이 좋다는 그의 꿈이 이루어지길 빈다.

(11. 02. 23)

일흔넷이 가장 막내인 벨리 댄서들

봉사활동과 운동을 통해 삶의 활력을 찾아

벨리댄스는 터키와 이집트 등지를 중심으로 발달한 민속춤이다. 가슴과 골반, 허리를 중점으로 사용하여 벨리(복부) 댄스라는 이름이 붙었을 만큼 여성의 신체구조를 최대한 이용한 춤이다.

다산의식에서 출발한 탄생 배경부터가 여성과는 밀접한 관계가 있다. 벨리댄스는 가슴, 배, 엉덩이, 허리 주위를 리드미컬하게 움직여 군살은 없애고 근육은 단련시켜 주는 대표적인 춤이다.

벨리댄스는 격렬한 가운데 절제된 움직임을 보여주는 춤이라 보기에는 운동량이 미미해 보일지도 모른다, 그러나 10분만 춤에 몰입해 보면 숨소리는 거칠어지고 온몸은 금세 땀으로 젖어든다.

4월의 마지막 날인 토요일(4월 30일) 오전 10시 반. 전남 여수시 여서동에 위치한 동여수보건소 2층에는 벨리댄스 강사인 김은숙 씨를 포함한 벨리댄스 팀 6명이 모였다. 원래는 7명이지만 한 분은 또 다른 모임이 있어 오늘 연습에 참석하지 못했다.

화려한 댄스 복장으로 갈아입은 이들은 스트레칭용 음악 소리에 맞춰 강사가 지시하는 대로 손과 발, 발목, 허리, 어깨와 목을 풀었다. 이윽고 실전 연습에 들어갔다. 곧추선 발끝과 몸을 바로 하고 엉덩이를 옆으로 강하게 툭툭 흔들자 힙 스카프에 달린 금속 방울에서는 '찰랑찰랑' 소리가 난다.

스트레칭으로 몸풀기부터 실전연습을 시작한 지 10분이나 지났을까 뒤에서 열심히 따라하던 김기말 씨가 땀을 뻘뻘 흘리며 "아이구! 죽겠다"고 말한다. 잠시 쉬는 시간 동안 이들과 대화에 나섰다. 이들이 벨리댄스를 시작한 지는 2년 반쯤 됐다. 김은숙씨가 복지원에 와서 공연을 하고 권해서 시작했다. 팀을 꾸려 작년부터 시작한 복지원공연 등의 봉사활동은 10여 차례에 달한다.

강사인 김은숙(58) 씨는 여수시보건소에서 22년째 근무 중인 공무원이다. 에어로빅을 배우던 8년 전 어느 날 에어로빅 강사가 벨리댄스 공부에 빠진 걸 보고 벨리댄스를 배우기 시작했다. 에어로빅은 대부분 사람들 속에 묻혀서 하거나 혼자 하지만 벨리댄스는 남에게 보여주기 위한 공연용이다. 김 씨에게는 남 앞에서 활동하는 무대체질인 끼가 숨어있었던 셈이다.

그녀는 불우이웃돕기 활동, 복지시설 공연 등을 포함해 200시간의 자원봉사활동 경력이 있다. 제2회 송원대 총장배 전국마스터즈 댄스 경연대회 시니어부 1위, 탑스타컵 전국댄스경연대회 일반부 최우수상 수상 경력 등이 이를 증명해 준다. 현재 이집트국제벨리댄스 1급 지도자, 간호조무사, 웃음치료사 2급 등의 자격증을 가지고 있으며 사회복지학석사학위도 취득한 학구파다.

땀을 뻘뻘 흘리는 김기말(74세) 씨는 만성리에서 차를 두 번이나 갈아타고 나온다. 그녀에게서 벨리댄스의 매력에 대해 들었다.

"힘든 건 없는데 땀이 많이 나고 살이 많이 빠져요. 시작한 지 2년 만에 15kg이나 빠졌어요. 나이 들어 서방님하고만 살며 재미있는 일이 얼마나 있겠어요? 그런데 요새는 건강해지고 나도 사회를 위해 뭔가 할 수 있다는 생각에 삶에 대한 활력이 생겼죠. 땀이 많이 나 노폐물이 다 빠진

1 할머니들에게 벨리댄스를 지도하는 강사 김은숙씨. 여수시보건소에서 22년째 근무하는 공무원이기도 하다

2 베일(얇은 천)을 이용한 베일 벨리.

3 결식아동 돕기 거리공연 당시 사진

4 연습 중인 벨리댄서들. 강사를 제외한 연습생 중 가장 막내가 74세다. 왼쪽에 보이는 이가 최고참 박옥선씨로 80세이다. 앞 줄 중앙은 강사인 김은숙 씨. 이들은 사회복지시설을 찾아가 공연과 봉사활동에 열심이다

것 같아요.

서방님이 요새 나보고 더 예뻐진다고 그래요. 벨리댄스 배우러 간다면 밥해주고 마사지해 주며 어서가라고 외조를 잘 해요. 하루는 댄스 복을 입고 서방님 앞에서 내가 얼마나 예쁜지 보라고 자랑했어요."

"벨리댄스를 시작하는 데 어려움은 없었는지."를 묻자 다른 분이 나섰다.

"처음 벨리댄스를 배우러 온 사람들은 양손을 어깨 위로 올리는 동작(균형 잡기)을 10분도 못하고 포기하고 돌아가는 사람이 태반이죠. 그런데 지금 우리는 50분 정도 올리고 있잖아요. 처음에 벨리댄스를 배우겠다고 하니까 주위 분들이 자급(질색)했어요. 나이가 몇인데 흉하게 배꼽을 내

놓고 춤을 추느냐고요. 그런데 요새는 부러워하죠. 손자들이 공연 동영상을 보고 우리 할머니 아닌 것 같다며 좋아해요. 도전하는 심정으로 열심히 배우죠."

댄스 팀 중에서 최고참인 박옥선(80세) 씨의 얘기다.

"자치센터에서 다른 운동을 했는데 선생님이 시범을 보여주고 열성껏 지도해줘서 이렇게 하고 있어요. 댄스를 하기 전에는 갑상선 암으로 고생했는데 점점 회복되고 근력이 강해졌어요. 삶에 활력이 생기고 너무 좋아요."

벨리댄스 준비물은 베일, 힙 스카프, 스틱, 윙, 부채, 스워드(검), 다루부카(북의 일종)와 음악이다. 벨리댄스를 하며 마음도 넓어지고 대인관계에 자신감이 생겼다는 이들. 건강이 허락하는 한 죽는 날까지 벨리댄스를 하겠다는 이들. 허리 운동을 통해 나이를 잊은 이들에게 박수를!

(11. 05. 01)

속세와 관계 끊고 혼자살기

전화, 인터넷, TV도 없이 혼자서 지내기

스마트폰이 나온 후부터 사람들은 습관적으로 하루에 34번 본다고 한다. 나한테 무슨 메일이 왔으며 어떤 메시지가 왔을까 확인하기 위해서다. 사람들은 퇴근 후 특별히 볼 게 없어도 TV를 켠다. 주위에 무슨 일이 일어났으며 세상은 어떻게 돌아가는지 알고 싶어서다. 이런 관계의 끈을 놓고 살 수 있을까?

아무도 살지 않는 시골 산중으로 들어와 산 지 일주일째다. 내 초등학교 시절 산지기가 살던 집이다. TV도, 인터넷도, 전화도 안 된다. 그래도 전기가 들어와 음식물은 냉장고에 저장해 놓고 음식을 해먹는다. 아내가 만들어 준 마른 반찬과 프라이팬에 튀긴 고기가 있으니 불편함이 없다.

전화, 혹여 긴급한 전화나 메일이 들어왔을지 몰라 주머니에 스마트폰을 넣고 마당을 돌아다니다 보면 메시지가 들어오는 소리가 들린다. 사방 1미터쯤 되는 넓이에서만 소리가 들려 핸드폰을 쳐다본다. 혹시 전화가 되려나 하고 액정을 쳐다보면 두세 개쯤 전파가 잡히는 것이 보여 아내에게 전화를 한다.

"여보세요?

응, 나야. 나라구. 안 들려?

아이, 답답해."

나는 들리는 데 아내는 내 목소리가 들리지 않는지 답답해하며 전화를 끊는다. 그래도 전주 MBC라디오가 잡혀 심심하지 않고 세상 돌아가는 소식을 듣는다. 중부지방 그것도 서울 한복판에 수해가 나서 50명 이상이 죽었단다. 우면산에 산사태가 나서 십여 명이 참화를 입었다. 산사태가 쓰나미처럼 밀려왔다는데 어떻게 밀려왔을까. 그림이 없으니 그냥 상상만 한다. 일본 동북부 쓰나미처럼 밀려왔겠지.

밤엔 두견새가 울고 새벽에는 휘이 휘이하며 우는 새가 기분 나쁘게 한다. 어릴 적에 들었을 때 귀신새라고 무서워했던 소리다. 정말 무서운 것은 사람이다. 그래서 세운 방책이 개 두 마리다. 낳은 지 두 달 밖에 안됐지만 모르는 사람이 오면 제법 짖는다. 사람이 가까이 오는 것을 꺼리는 검둥이와 자동차 바퀴에 깔려 다리 하나가 부러진 누렁이.

아침에 눈을 뜨면 반기는 것은 이 녀석들이다. 키가 작아 어림도 없는데 마루로 뛰어 오르려 한다. 밤에 전기 불을 켜면 나방과 곤충 벌레들이 모여든다. 개들에게는 모든 곤충들이 장난감이다. 뒷산에 오르면 졸졸 따라다니며 말동무가 된다. 숲이 우거져 오솔길이 아니면 돌아다닐 수가 없다. 그래도 도시 공기와는 비교할 수 없다. 한껏 들이켜 본다. 뭐랄까 매끈매끈하다고 할까. 정말 맑은 공기다.

경사지를 오르는데 갑자기 누렁이가 내 발사이로 들어와 발에 걸린다. 뒷다리가 부러진 이 녀석 다리 하나를 밟았으니 깨갱거린다. "저리 가!" 하며 멀리 쫓아도 발밑만 따라다닌다. 이유를 알았다. 군데군데 멧돼지 발자국과 땅을 파놓은 흔적이 보인다. 개들이 본능적으로 위험을 직감했기 때문이다.

파놓은 흙을 보니 지난밤에 판 것 같다. 겁을 상실했을까. 검둥이가 멧돼지가 파놓은 땅을 파기 시작한다. 그러나 땅파기는 뻔한 허사다. 깊이가 20센티 정도 밖에 안 되니 아무것도 없고 나무뿌리나 벌레를 잡아먹은 것 같다.

능선을 따라 개들을 재촉해 한참을 오르는데 누군가 버린 나일론 귤 봉지가 있었다. 누가 여기까지 와서 버렸을까? 주우려다 깜짝 놀랐다. 아니 이건 귤 봉지가 아니라 생전 처음 보는 버섯이다. 노란 망사에 둘러싸인 머리 부분이 영락없는 부처님 모습이다. 옆을 보니 또 한 개가 있다. 손만 대면 망가질 것 같은 생각이 들어 조심스레 사진을 찍었다. 너무나 아름다운 모습에 접사용 카메라로 자세히 찍어 확인하기 위해 내일 아침 다시 오기로 했다.

다음날 아침 일찍 개들을 데리고 예쁜 버섯이 있는 현장에 왔다. 아니!

1

1 등산하고 난 후 계곡물에서 혼자 목욕하는 맛이란!

2 아내가 만들어 준 마른 반찬과 시원한 물. 매미와 새 소리를 들으며 먹는 맛이란!

3 언덕 밑에서 나오는 시원한 샘물. 맛이 기가 막히다. 수량도 풍부해 말 그대로 물 쓰듯 해도 줄지 않는다

4 동생이 온다고 형이 감나무와 대나무를 묶어 휴식용 침대를 만들어 줬다

2

3

4

둘 중 하나가 사라져 버렸다. 누군가가 발로 짓이겼을까. 자세히 보니 스스로 넘어져 있다. 흐물흐물한 부분만 남기고 스러져 갔다. 그렇다. 하루만 피는 꽃. 바로 옆에 새로 태어난 작은 버섯은 벌써 시들어지고 있었다.

이 산을 잘 아는 형한테 들은 바로는 망태버섯이란다. 버섯 지름의 알은 3~5㎝이고 위에 있는 종 모양의 균모 내부에서 노란 그물 모양의 레이스와 비슷한 그물망토를 편다. 그물 망토의 자락은 지름이 10㎝, 길이는 10㎝ 정도다.

글을 쓰느라 산에서 내려와 인터넷을 찾아보니 식용과 약용, 항암 버섯으로 이용한다. 중국에서는 대나무가 많은 곳에서 주로 자생한다고 해서 죽손이라 부르며 고급 요리의 재료다. 서양에서는 화려한 모양 때문에 버

5

6

7

8

5 망태버섯

6 지난 밤 야생동물이 팠을 것으로 생각되는 굴에 들어가 앉아있는 강아지들

7 이름 모르는 하얀 버섯 위에 달팽이 한마리가 영양분을 섭취하고 있다.

8 주민들을 위해 설치해 놓은 휴식공간. 멀리 떨어진 산 중턱까지 와서 휴식을 취할까?

섯의 여왕으로 취급하고 신부의 드레스를 닮았다하여 드레스 버섯이라고도 한다. 우연히 귀한 버섯을 만남 셈이다.

절뚝거리면서도 잘 따라다니는 누렁이와 검둥이를 데리고 깃대봉을 넘어 고향 앞산까지 왔다. 숲으로 울창하게 우거진 앞산 중턱에 임도가 나 있다. 내가 보기에 아무 쓸모도 없는 임도다. 어릴 적 칡 캐고, 감 밤을 따던 아름다운 산을 몽땅 파헤쳐 놓았다.

팔각정까지는 자동차 길이 있어 사람들이 올라온 흔적이 있지만 길옆에 만들어 놓은 휴식 공간에는 입구부터 칡넝쿨이 우거져 아예 들어갈 수도 없다. 수십 억이 들었을 공사현장. 주민들이 반대해도 지자체장이 밀어붙였다는 후문이다. 지자체장들의 전시행정이 문제다.

깊은 산속에서 혼자살기, 더우면 계곡에 내려가 목욕하고 밤이면 아무도 올 걱정이 없으니 샘가에서 목욕을 한다. 언덕 밑에서 졸졸 흐르는 샘물은 기가 막히게 시원하고 맛있다. 나무가 우거져 산길로 가기는 힘들어 임도를 따라 10여 킬로미터를 돌아다니다 언제나 시원한 물에서 목욕할 수 있는 곳. 매미와 여치, 귀뚜라미와 두꺼비가 돌아다니는 곳. 그런 곳이 산중이다.

오후 다섯 시가 되어 약간 시원해졌다. 반바지를 입고 등산용 모자에 스틱을 들고 산을 올라가다 이웃 마을에 사는 초등학교 시절 친구를 만났다. 초등학교 시절 그 친구는 넓이 10센티, 길이 20여 센티의 송판에 문수보살이 그려진 판자를 가지고 학교에 왔다. 어린 눈에도 너무나 잘 그려진 그림에 부러워했던 적이 있어 "누가 그렸냐?"고 물었더니 아버지가 중이었고 절에서 탱화나 조각을 했다고 한다. 혹시 남아있는 유물은 없는가를 물었다.

"아무것도 몰랐기 때문에 고물장수 아저씨들이 동네를 돌아다니며 쇠붙이를 팔라고 할 때 다 줘버렸지. 하루는 엿장수가 와서 1미터쯤 되는 종을 줬더니 엿판을 반이나 주더라. 그것도 동으로 된 종인데. 사람들이 와서 찾아오라고 해 고물상을 다 뒤졌는데 못 찾았어."

백제시대 때부터 절이 있었다고 하니 값어치로 하면 어마어마한 것을 엿과 바꿔먹었다고 너털웃음이다. 순박한 사람들이다. 하릴없이 하루하루를 지내는 서울역 노숙자들. 시골에 내려와 농사 지으며 맘 편히 사는 게 어떨까? (11. 08. 01)

초등학교 동창생들의 밤, 광란의 밤?

졸업한 지 45년 된 초등학교 동창회

초등학교를 졸업한 지 45년 된 동창생들이 모였다. 한국 전쟁이 끝난 해(1953년)에 태어난 친구들이 전남 곡성에 있는 오곡초등학교를 입학한 인원은 70여 명. 당시 동창생 중에는 나보다 세살 위의 친구들도 있었다.

머리가 젊은이처럼 검은 친구도 있지만 완전히 벗겨진 친구, 머리가 빠지고 듬성듬성 남아있는 친구가 대부분이다. 하얀 새치를 감추기 위해 염색한 경우는 부지기수.

동창생 중에는 병사하거나 사고로 비명횡사한 친구도 있다. 천년만년 살 줄 알았는데…. 학창시절 노래를 잘 부르고 예뻤던 여학생 친구도 세월엔 장사가 없다. 세어진 머리와 주름살, 펑퍼짐한 엉덩이와 뱃살들이 세월의 무게를 말해준다.

순천 사는 총무는 맛있는 물김치를, 경상도 사는 친구는 맛있는 김치를, 경기도 사는 친구는 떡을 해가지고 왔다. 서울 친구들은 아예 차를 대절해 고향까지 왔다. 여자 동창생 한 명은 45년 만에 처음 만났다. 환갑이 다 된 나이지만 부끄러워 얼굴을 못 들고 입을 가린다. 쟤가 내 동창이었나?

동창회장의 인사말과 친구들의 동정을 들은 후 맥주와 고기 안주를 곁들여 술을 마신다. 입담 좋은 친구의 넉살은 술안주가 된다.

“야! 학교 다닐 때 너를 좋아했는데 너는 몰랐지?”

“야! 임마! 그러면 그때 말을 하든지, 아니면 발이라도 걸든지. 그랬으면 너를 따라서 살았을 것 아니냐.”

“야! 그러면 지금이라도 나한테 시집올래?”

“미쳤냐? 쭈글쭈글하고 늙어빠진 너한테 누가 시집간대!”

여자 친구의 넉살에 친구들은 배꼽을 잡고 웃는다. 맥주가 몇 순배 돌고 노래방 기계 볼륨이 높아가자 부끄러워 말도 안했던 여자 친구들이 온몸을 흔들며 목청껏 노래를 부른다. 노래를 잘 부르건, 못 부르건, 음정 박자 상관없다. 그야말로 깨복쟁이 친구들이라 흉허물이 없다.

누가 봤으면 광란의 밤이라고 경찰에 신고할 텐데 여기서는 걱정할 필요가 없다. 깊은 산중에 자리한 집 한 채를 빌려 악쓰고 노래해도 신고할 사람도 없다.

친구들의 노래와 온몸으로 추는 춤들이 전혀 밉지가 않다. 그래 신나게 놀아라. 목청이 터지라고 노래 불러라. 네 안의 한을 날려 버릴 때까지. 친구들 특히 오늘 이 자리에 모인 여자 친구들은 한 명도 중학교에 진학하지 못했다. 서울에서 식모살이를 해야 했고, 봉제공장에 가서 미싱을 돌리며 돈을 벌어 오빠나 동생들 학비를 송금하면서 자랐다.

한 여자 친구가 온몸으로 절규하며 <여자의 일생>을 노래하다 지쳐 옆방에 쓰러져 있었다. 그녀에게서 자초지종을 들었다.

참을 수가 없도록 이 가슴이 아파도
여자이기 때문에 말 한마디 못하고
헤아릴 수 없는 설움 혼자 지닌 채
고달픈 인생길을 허덕이면서 아~ 참아야 한다기에
눈물로 보냅니다 여자의 일생

"야! 인생에 무슨 한이라도 맺힌 것 아니냐?"

"왜? 내가 그렇게 보여?"

"응. 그렇게 보여. 얘기해 봐."

"중매로 시집을 갔는데 4대 종손 집으로 갔었지. 30년 동안 시집살이, 신랑살이, 시동생살이를 하고 나니 우울증이 왔었다. 아플 때는 모든 게 싫어 죽어버리고 싶었다. 이제 나았는데 사람이 어려움을 겪고 나니 순리대로 살아야겠다는 생각이 들었어. 가슴 속 절절한 아픔을 겪어 보니까 남의 아픔을 이해할 수 있었고 이제는 더불어 살고 베풀며 살아야 한다고 깨친 거야. 이제야 조금 편안해졌어."

1 초등학교를 졸업한 지 45년 된 친구들이 모였다. 사는 얘기며 근황을 소개하는 자리다

2 음악에 맞춰 신나게 춤을 추는 동창생들. 광란? 전혀 아니다. 그동안 힘들게 살면서도 뒷전에만 물러나 살았던 친구들이 초등학교 친구들을 만나 흉허물이 없어지자 마음껏 논다

그랬다. 친구들, 특히 여자 친구들은 맺힌 한이 너무 많다. 가난해 중학교 진학도 못해서 남 앞에 서지도 못하고 그냥 뒷전에서만 살아야 했다. 먹을 게 없어 점심을 굶거나 고구마만 싸오거나 미국에서 구호품으로 보내준 강냉이죽을 얻어먹던 친구들이다.

전라도에서 서울로, 강원도로, 경상도로 시집 장가갔던 친구들이 모였다. 나이드니 더 고향 친구가 생각난다는 게다. 45년 만에 처음 참가한 여자 친구 왈 "깨복쟁이 친구들 만나니 정말 좋다. 다음부터는 꼭 참가할 게."

볼일이 있어 함께 잠을 자지 못하고 늦은 밤 산골짝을 운전해 나오는 차창 문을 여니 겨울바람이 세차게 불어온다. 친구들을 생각하니 내 가슴이 싸하다. 겨울바람만큼이나 힘든 인생을 살아온 친구들의 노래 소리가 계곡에 메아리친다. "~여자의 일생" 그래! 목청껏 노래 부르고 놀아라. 가슴 맺힌 한이 풀릴 때까지…. (11. 12. 06)

아내의 눈물

돌아가신 부모가 남긴 메시지를 3년 후에 받아든 아내의 눈물

"여보! 이게 뭔지 알아? 엄마하고 아버지가 3년 전 추수감사절 예배할 때 남기신 글이야. 당시 교인들 모두가 3년 후에 펴보길 약속하며 자신이 감사하는 걸 카드에 쓴 건데 약속한 3년이 됐다며 교인들이 타임캡슐을 개봉해 내게 전해줬어. 그런데 예배 중 눈물이 나서 계속 울었어."

지난 일요일(17일)에 교회를 다녀온 아내가 눈물을 글썽인 채 예쁜 카드 3장을 보여주며 하는 말이다. '사는 이야기'에 글을 쓰려고 했다가 여러 가지 바쁜 일이 생겨 깜박 잊어버렸는데 어젯밤 꿈에 장모님이 나타나셨다. 글을 써달라는 의미일까?

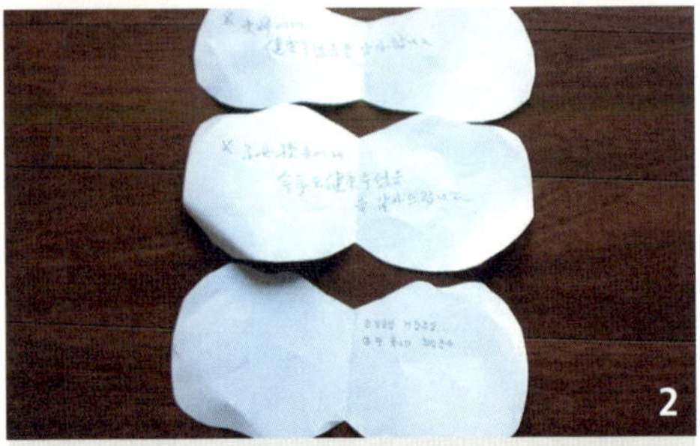

1 2010년 추수감사절에 장인, 장모, 아내가 쓴 감사 기도문 표지. 3년 후 추수감사절에 타임캡슐을 개봉하기로 약속해 지난 일요일에 열었다. 그러나 장인 장모님은 하늘나라로 가시고 안 계신다

2 3년 전 추수감사절에 장인, 장모, 아내가 쓴 감사 기도문. "부부 건강 주셨음을 감사합니다. 자손들에게 금년도 건강 주셨음을 감사드립니다."라는 글귀의 주인들은 하늘나라에 계신다.

"부부에게 건강 주셨음을 감사합니다."

"자손들에게 금년도 건강 주셨음을 감사드립니다."

"부모님 건강하심. 딸 윤나 취업 감사."

위로부터 차례대로 장인, 장모, 아내의 감사 기도문이다.

이인옥! 내겐 천사 같은 장모님이다. 독실한 기독교도였던 장모님은 대학 시절 시집가기를 포기했다. 수녀가 되어 소록도 나환자를 돌볼 계획이었는데 장인의 강권으로 결혼을 하셨다고 한다. 장인이 사업하다 아홉 번을 망해도 옷가게와 삼계탕 장사를 하며 집안을 살려냈다. 빚쟁이들의 빚 독촉과 욕설 섞인 수모를 몸으로 이겨냈다고 한다.

자신이 아무리 힘들어도 힘들다는 내색을 하지 않고 자식과 이웃들에게 베풀던 장모님은 글을 써놓은 지 1년 후 돌아가셨다. 2010년 당시 92세였던 장인은 100살까지 살겠다고 장담하셨는데 장모님이 가신 다음해인 작년에 돌아가셨다.

두 분이 돌아가시고 난 일 년 동안 처가인 여수 중앙동 앞을 지나가려면 가슴이 휑한 게 한 두 번이 아니었다. 이제라도 "오서방 왔는가? 피곤하지?" 하며 반겨줄 것 같은데….

아내는 "양가 어른들이 팔십 넘어 돌아가셨으니 장수를 해서 다행이지만 더 오래 사셨으면 얼마나 좋았을까?" 하고 말한다. 아내가 한마디 더 한다. "이제 더 보내드릴 어른이 안 계시니 우리 차례인가 봐. 갈 때 가더라도 예쁘게 가야 하는데…."

3년 전에는 두 분이 건강하게 옆에 계셔서 감사드렸는데 3년이 지난 지금, 감사드릴 부모가 곁에 계시지 않는다. 세상에 영원한 건 없다. 허나 언제까지나 우리 곁에 계실 줄 알았던 부모는 하늘나라로 가셨다.

살아계실 때 효도하라는 옛말이 가슴에 와 닿는다.

(13. 11. 22)

이게 바로 사람사는 세상!

급박한 순간 아무 보수도 바라지 않고 돕는 사람들에 감명 받아

"저희가 도울 수 있는 일이어서 다행이에요~. 저희도 결혼한 지 이제 2주 정도 되어서요. 남일 같지 않았습니다~. 행복하세요."

숨 가쁘게 공항까지 갔다 온 아내가 보여준 문자메시지 내용이다. 다음 주말 서울에서 있을 딸 결혼식에 여수에 사는 지인들이 참석하는 건 힘들다. 새벽부터 밤늦도록 꼬박 하루 종일 관광버스에 시달려야 하고 하루 품을 팔아야하기 때문이다.

때문에 고향이 여수지만 서울에서 결혼식을 할 예정인 혼주들은 대부분 일주일전에 여수에서 결혼식 피로연을 하고 하객들에게 인사를 드린다. 이런 절차는 혼주나 하객들에게 편리한 방법이다.

3일(금) 밤 6시, 여수에서 결혼식 피로연을 한 딸은 서울에서 드레스를 빌려 입고 왔다. 드레스 가게 주인은 토요일인 4일 정오에 딸이 입었던 드레스를 사용해야하기 때문에 반드시 12시까지 되돌려주어야 한다고 다짐했다.

금요일 밤 무사히 피로연을 마친 나와 아내는 다음날 새벽 1시까지 마지막 정리를 하고 잠이 들었다. 피곤해 곯아떨어진 아내는 아침 일찍 일어나지 못했고 서울로 드레스를 보내야 한다는 것도 잊고 있었다.

예정된 시간까지 드레스가 서울에 도착하도록 하려면 아침 8시 서울행 버스에 옷을 보내야 한다. 하지만 늦잠을 자고 깜박 잊어 버렸기 때문에 제 시간에 버스로 옷을 보내기는 불가능해졌다. 비상수단은 있다. 여수 공항이 있었던 것. 아내가 부리나케 차를 몰고 여수공항에 도착했지만 항공사에서는 출발시간이 다 되어 버렸기 때문에 짐을 부칠 수 없다고 거절했다.

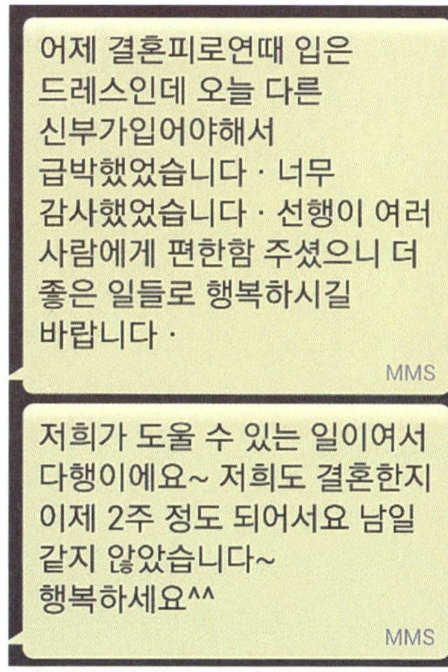

아내와 고마운 젊은 부부사이에 주고받은 문자메시지. 아직도 세상은 살만하다

하는 수 없어진 아내는 비행기를 타기 위해 줄을 선 한 젊은 부부를 발견하고 통사정을 하면서 "김포공항에 가면 '드레스'라는 푯말을 든 사람이 나와서 기다리기로 약속을 했으니 제발 이 드레스를 그 분한테 전해주세요." 하고 부탁하자 선선히 응한 젊은 부부는 자신들도 "2주 전에 결혼했기 때문에 충분히 이해할 수 있다."며 전화번호를 알려달라고 해 알려 줬다는 것.

위 내용은 아내가 "고맙다!"며 돈을 주려하자 극구 사양한 젊은 부부가 김포공항에서 드레스를 전하고 보내 준 메시지다. 아내의 말이다.

"각박한 세상이지만 이렇게 도움을 주는 사람이 있어 세상은 아직도 살만한 곳이야. 내 딸이 잘 살라고 축복해주는 것 같네. 아! 기분 좋은 날이야."

아내가 고마운 젊은 부부에게 보냈던 문자메시지 내용이다.

"어제 결혼피로연 때 입은 드레스인데 오늘 다른 신부가 입어야 해서 급박했습니다. 선행이 여러 사람에게 편안함 주셨으니 더 좋은 일들로 행복하시길 바랍니다."

(14. 01. 05)

서른 살이지만 공부 안 하면 노인!

[공모- 내 나이가 어때서] 나이 잊은 청유농원 대표 백승인씨

"한국벤처농업대학은 65세 이상은 입학을 불허합니다. 실례지만 몇 살이시죠?"

"나는 내 나이가 몇 살인지 잘 몰라요. 몇 살인지는 몰라도 마흔은 넘었어요. 하지만 나이 30에도 공부 안 하면 노인이고, 100살이라도 공부하면 노인이 아니에요. 나는 노인이 안 되려고 왔어요."

3년 전 나이 70에 한국벤처농업대학 입학시험에 응시한 백승인 씨와 면접관의 대화 내용이었다. 결과는 '합격'이었다. 모습은 노인이 분명하지만 백 씨의 당당한 모습과 인생관에 감복한 면접관이 특별히 배려해준 것이다. 백 씨는 당시 200명의 입학생 중에서 가장 나이가 많았고 당연히 화제가 됐다.

올해 73세인 백승인 씨는 주위에서 억대 농부로 불린다. 그는 여수시 소라면 봉두리에서 '여주'를 재배하면서 청유농원을 경영한다. 오이와 비슷하지만 표면이 울퉁불퉁한 여주는 당뇨에 효험이 있고 비타민이 많아 피로회복에도 좋다. 청유농원에서 생산하는 제품은 여주차, 여주환, 여주엑기스, 여주비누, 매실, 친환경 쌀과 채소 등이다.

그는 네이버와 다음 블로그를 운영하면서 주문판매를 한다. 컴퓨터에

관한 기본 지식은 있었지만 3년 전부터는 본격적으로 컴퓨터 교육을 받았다. 그는 농사를 위해 여수시 농업대학, 전라남도 E비즈니스 양성과정에 이어 심화과정도 거쳤다. 한국벤처농업대학에 이어 대학원과정까지 졸업했다. 5년 전까지 평범한 농사만 짓던 그가 여주농사로 전환한 이유를 들었다.

"일반인들의 당뇨수치는 100~120정도예요. 그런데 저는 400까지 올랐어요. 때마침 한 지인이 여주를 선물해 관상용으로 심었는데 검색해보니까 당뇨에 좋다고 하더라고요. 해서 생과일로 먹었더니 당뇨수치가 정상으로 돌아왔어요. 여주를 마시고 나서부터는 음식을 가리지 않습니다."

자신의 병을 치료하기 위해 소량 재배했지만 입소문이 나면서 찾는 사람이 많아 3년 전부터는 영리목적으로 재배하기 시작했다. 그는 컴퓨터를 이용해 영농일기를 쓴다. 그의 컴퓨터 영농일기에는 파종, 재배, 수확과 수해가 났던 기록까지 기록이 되어있다. 나이만 많았지 젊은이 못지않은 열정과 노력으로 농사를 짓는다. "농사가 힘들지 않으세요?"하고 묻자 그가 대답한 내용이다.

"농사는 노동으로 하면 안 되고 즐거움으로 지어야 합니다. 대신 돈이 되는 농사를 지어야 합니다. 요새 쌀농사 지으면 한 평에 2,400원 정도밖에 되지 않아요. 논 열 마지기(2천 평)를 지으면 1년 소득이 500만 원 정도 밖에 안되는 게 농촌 현실이에요. 조금만 머리를 써 농사를 지으면 몇 천에서 억대를 올릴 수 있어요."

겨울에 생과일을 먹을 수 없는 사람들을 위해 작년부터는 즙으로 만들어 판다. 여주환을 만들어 파는 그는 "판매한 제품을 일주일 정도 먹었는데도 효과가 없으면 반품도 가능하다."며 자신 있어 한다. 2013년에는 20여 농가가 여수시 농업기술센터의 적극적인 지도를 받아 재배, 공동 출하하고 있다.

젊은 시절 여수시 공원묘지를 만든 그는 새마을지도자 훈장을 받기도 했다. 70이 넘은 나이에도 컴퓨터 공부를 얼마나 많이 했는지 '한글도메인'도 만들고 있다. 그의 한글 도메인은 '여주즙. 한국, 여주생과즙. 한국'

1 백 씨의 청유농장에 주렁주렁 달린 여주의 모습. 백 씨의 컴퓨터에는 여주를 재배하면서 쓴 영농일기와 사진들이 저장되어 있다 © 백승인

2 수확을 마치고 동면에 들어간 백 씨의 여주농장 모습. 봄이 되면 또 다시 여주가 주렁주렁 열릴 것이다

3 수확하고 난 백씨의 비닐하우스에 철을 잊은 민들레가 꽃을 피우고 아직 날아가지 않은 꽃씨가 날아갈 날을 기다리고 있다. 세월과 철을 잊은 백승인 씨와 비슷하다는 느낌을 준다

4 잘 익은 여주의 모습. 당뇨에 효험이 있고 비타민이 많아 피로회복에 좋다고 한다

5 컴퓨터에 저장된 백승인 씨의 영농일기를 들여다 보았다.

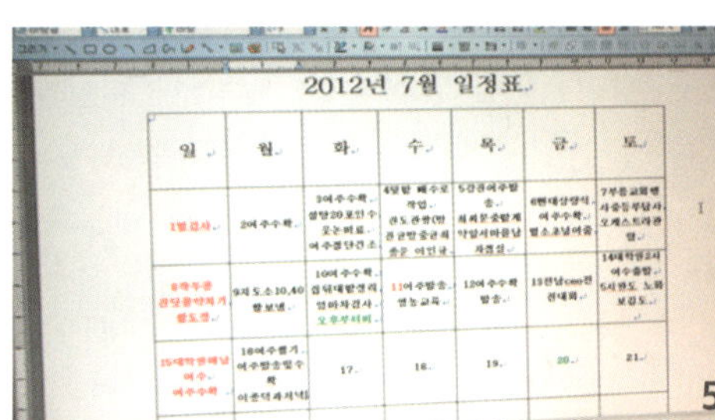

이 될 것이다. 70넘은 노인 중 '도메인'이라는 개념을 아는 노인이 몇 명이나 될까 생각하니 고개가 절로 숙여진다.

"남들보다 앞서가니까 사는 게 재미있다."는 그는 삼성연구소에서 보내오는 '옥답' 프로그램을 통해 농업정보와 세계정보를 획득한다. 집안으로 들어가니 그의 식물 사랑이 한눈에 보인다. 100여 종의 꽃과 난초가 집안에서 자란다. 작년에는 1,200평의 여주를 재배했지만 금년에는 3,000평을 재배할 예정이라는 그에게서 세월을 잊은 젊음을 보았다.

(14. 02. 06)

밤이 내 발목을 잡네!

성묘 후 밤 따기 재미에 푹 빠진 아내

종산에 모신 부모님 산소를 찾아 성묘를 마치고, 묘지 위에 심은 밤나무에 밤이 익었을까 궁금해 밤나무 밑으로 갔다.

올 추석은 다른 해보다 빨라 곡식과 열매가 익지 않았다는 소리를 들었기 때문이다. 밤나무 꼭대기를 보니 밤송이가 벌어진 게 여러 송이 보였다. 땅 바닥을 보니 사방에 밤들이 떨어져 있었다.

이 밤나무는 아버지와 나, 형이 40년 전에 심은 나무다. 가난했지만, 부지런했던 아버지는 7남매의 뒷바라지를 해야 하기 때문에 항상 바쁘셨다. 농촌이라 논농사와 밭농사 외에 특별한 소득이 없던 아버지는 내가 대학에 합격하고 결혼할 나이가 된 형을 위해 단감과 밤을 심자고 해 셋이서 감과 밤나무를 심기 시작했다. 군입대를 앞둔 나와 아버지와 형은 한 달여간 산비탈을 파 거름을 뿌리고 어린 묘목을 사 심었다.

군입대를 앞두고 산비탈을 파 밤나무 심어

내가 군에 간 사이에 형은 아예 산으로 들어와 젖소를 키우고 단감과 밤을 재배하며 버섯도 재배했다. 가난을 벗어난 형은 이제 읍내에 훌륭한 집을 짓고 넓은 땅을 사 분재용 나무를 재배한다.

우리 형제간들이야 어떻게 감나무와 밤나무 농장을 일궜는지 잘 알지만, 결혼해 들어와 새식구가 된 여자들이나 매형 매제는 이 농장으로 가는 길을 얼마나 힘들게 만들고 키워왔는지 모른다. 다만 추석에 성묘와 돌아갈 때 주렁주렁 달린 감나무에서 감을 따고 밤을 주어가는 게 시골에 오는 기쁨 중 하나다.

읍내에 있는 형한테 밤을 줍겠다고 전화했더니 "독사가 있으니 조심해라"고 한다. 아내와 나는 형이 살던 집으로 돌아와 장화를 꺼내 신었다. 며칠 전 "나이 들수록 좋은 옷을 입어야지 허름한 옷을 입고 다니면 초라하게 보인다."며 좋은 옷을 사준 아내가 잔소리다.

"여보! 옷 버리니까 밤 줍지 말고 그냥 사먹을까?"

"뭐라고? 내가 심은 밤나무에서 떨어진 밤하고 시장에서 산 밤이 같아? 그리고 옷이 더러워지면 빨면 되지 뭘 그래. 여기까지 왔으니 밤도 줍고 저녁에 김 서방 오면 장인이 심은 밤이라며 싸 주면 훨씬 더 의미 있지 않아?"

내 강력한 주장에 아내는 수긍하고 따라왔다. 밤 까는 칼과 밤 담을 자루를 가지고 여기저기 떨어진 밤을 줍기 시작하자. 금방 한 자루가 찼다.

아내는 땀이 많다. 밤 줍는 재미에 빠진 아내 얼굴에 땀이 비오듯하고 나도 땀이 많이 나기 시작했다. 그러고 보니 고향집으로 향하는 차 속 온도계가 30도가 넘었었다.

"여보! 땀이 너무 많이 나서 안 되겠네. 이제 그만 줍고 집에 가자!"

"에이! 조금만 참아. 내가 집 앞에 가서 시원한 물에 등물 해줄게."

"알았어! 이제 몇 개만 더 줍고 가는 거야!"라고 다짐한 아내가 발을 돌려 장대를 들고 가려는 순간에 등 뒤에서 밤이 후두둑 떨어진다. 바람도 없는데 계속 떨어진다. 그 많던 다람쥐는 다 어딜갔을까? 이렇게 맛있는 밤이 넘치는 데도 말이다. 내가 아내에게 말을 걸었다.

"아버님이 자식들에게 선물을 한 것 같아"

1 형이 살았던 집. 뒷편에 부모님 산소가 보인다

2 집 앞에 심어놓은 단감은 아직 제철이 되지 않아 익지 않았다

3 한 시간에 만에 다섯 되 정도의 밤을 주웠다

“여보! 힘들지만 이렇게 좋은 밤을 주우니 좋지?”

“응! 그래. 생각지도 않았는데 말이야. 밤 줍다 생각했는데 아버님이 자식들에게 선물을 한 것 같아. 추석이면 해마다 찾아와 밤도 따고 감도 따가라고.”

“한 시간 만에 다섯 되쯤 주었으니 오지지?

그래서 당신은 나한테 시집 잘 온 거야. 내 고향이 곡성군 오곡면 오지리니까.”

아내가 “허허!”하며 웃으며 “그래 맞다. 맞아!”라며 실소를 했다. “서울에서 내려올 김 서방 주고도 남을 정도로 많이 주웠으니 이제 정말로 집에 가는 거야.”며 발길을 돌리던 아내가 “여기도 사방에 널려있네.”라며 또 다시 밤을 줍는다.

아내가 한마디했다.

“아이고! 밤이 내 발목을 잡네!” (14. 09. 09)

4년간 쌓은 돌탑이 하루아침에 무너졌어요

[보도 후] 일흔 노인이 생명 불어넣은 여수 예암산 돌탑, 훼손 의혹

"여수 시민의 한 사람으로 관광객유치에 도움이 될까 해서 돌탑을 쌓았는데 전부 허물어지고 두 개 남았어요. 처음에는 저도 몰랐어요. 허리와 다리를 다쳐 한 달 동안 산에 못 올라갔는데, 돌탑이 무너졌다고 여기저기서 전화가 와서 알았어요. 참! 기가 막힙니다."

지난 6월 24일 <오마이뉴스>는 "일흔의 노인, 돌탑에 생명을 불어넣다"라는 제목으로 정성래 씨의 선행을 보도했다. 이후 지역 방송국을 비롯해 서울 소재 방송국에서도 그를 취재하겠다는 전화가 왔단다. 하지만, 당시 정성래 씨는 몸이 불편해 촬영을 잠시 연기했다. 하지만 그 사이 돌탑이 무너진 불상사가 터졌다.

예암산은 어떤 곳일까

여수 8경 중 제5경으로 꼽히는 예암산은 여수시 대교동 산 10번지 일원에 위치한 높이 96m의 나지막한 산이다. 산이라고 부르기에는 약간 어색해 높은 언덕으로 부를 만하다. 이곳은 인근 대교동 주민들이 자주 찾는 곳이다.

예암산은 구 도심권의 중앙에 위치해 동쪽을 보면 멀리 경남 남해도가

보이고, 가까이로는 진남관, 오동도, 여수엑스포장 Bib-O, 돌산 제1·2대교가 한눈에 들어온다. 남쪽으로는 돌산도, 경도를 비롯한 다도해의 섬들이 줄줄이 서 있어 다도해의 빼어난 경관을 관망할 수 있다.

7년 전에 전신전화국을 퇴직한 정 씨는 자택 뒷산인 예암산에 돌탑을

1 저 멀리 돌산대교를 배경으로 촬영한 돌탑 옆에 정성래 씨가 서있다. 다행히도 이 돌탑과 옆에 있는 돌탑은 무너지지 않았다

2 무너지기 전의 돌탑 모습으로 저 멀리 돌산대교가 보인다

3 돌탑이 무너지기 전 모습으로 주민들의 눈요기와 이야기 거리를 제공해줬다

4 돌탑이 무너진 현장 모습. 두 모습을 비교하기 위해 무너지기 전에 촬영했던 동일한 장소에서 촬영했다

5 쌓여있던 돌탑이 무너져 굴러다니고 있다

쌓기 시작했다. 그가 4년 동안 쌓은 돌탑은 큰 돌탑 20개와 작은 돌탑 70여 개. 큰 돌탑은 높이 1~2m로 작은 돌이 수백 개 들어간다. 작은 돌탑은 큰 돌을 3~5층으로 쌓아올렸다.

그는 돌탑의 정상에 갖가지 동물 형상의 그림을 그려 넣어 생명을 불어넣었다. 돌모양을 유심히 살펴보다 곰, 황소, 고래, 참새 등의 모양을 찾아내 그림을 그리고 돌탑에 올렸다고 한다. 정씨가 4년 동안 공들여 쌓은 돌탑은 주위 사람들을 즐겁게 하고, 예암산을 찾는 이들에게 이야깃거리를 제공해줬다.

누군가 고의로 돌탑을 무너뜨리지 않았을까

"내가 돌을 쌓는 모습을 본 한 아주머니는 커다란 돌을 머리에 이고 와서 돌탑에 보태라고 주셨는데 돌탑이 무너졌다는 소리를 들으면 얼마나 낙담하겠습니까?"

정성래 씨가 화가 나는 이유는 이것이다. 누군가 장난으로 탑을 무너뜨린 게 아니라 고의로 훼손했다는 심증이 있기 때문이다.

발로 밀어뜨렸다면 탑 바로 옆에 무너진 돌무더기와 동물 형상의 그림이 그려진 상층부 돌들이 인근에 놓여 있어야 한다. 그런데 그림이 그려진 돌들은 탑 인근에서 발견되지 않고, 멀리 떨어진 예비군 참호나 깊이 파인 웅덩이에서 무더기로 발견됐다. 뿐만 아니라 2층, 3층으로 쌓은 여러 개의 돌탑이 아예 멀리 사라졌다. 정성래 씨에게 혹시 원한을 살 사람이 있는가 물었다.

"혹시 누군가에게 원한 살 일은 없었습니까?"

"70 평생 살면서 남 좋은 일도 많이 했고 표창도 여러 번 받았습니다. 남산동 노인당 총무, 통장 협의회 회장, 바르게 살기위원장, 새마을 회장도 지냈습니다."

정씨에게 "무너진 돌탑을 어떻게 할 예정인가?"라고 묻자 그는 "지금 몸이 아파서 움직일 수 없어요. 몸이 좋아지면 다시 쌓아야 하는 것이 당연하지만 내가 할 수 있을지 없을지 모르겠어요."라면서 속상해했다.

기자가 대교동 사무소에 전화를 걸어 탑이 무너진 사실을 알고 있는지를 묻자 담당자는 "알고 있습니다. 대교동 자랑거리를 만들었는데 참 어처구니없네요."라면서 "동에서도 누가 그랬는지 알아내기 위해 탐문 중." 이라는 답변이 돌아왔다.

누군가 정씨의 탑을 고의로 무너뜨렸다면, 그 속내는 무엇이었을까. 아픈 허리를 부여잡고 "사람들이(돌탑을) 보고 다 좋다고 했는데, 저걸 무너뜨렸으니…"라며 말끝을 흐리는 일흔 노인의 혼잣말만 남았다.

(15. 07. 20)

같이 늙어가는 30년 전 제자들

30년 전 제자들의 동창회

지난 14일 오후 2시, 30년 전에 여수상업고등학교를 졸업한 제자들의 동창회에 초대받았다. 교사 초임 시절, 입학식을 마치고 1학년 2반에 편성된 학생은 62명. 15, 16세의 까까머리 고등학교 신입생들이 어느덧 흰머리가 희끗희끗하게 보이기도 하고 머리가 벗어지거나 배가 나온 제자도 있었다.

세월에 장사 없다더니. 가끔 만나는 제자들을 제외하고는 알아볼 수 없었다. 특히나 중년여성이 된 여학생들은 도통 알아볼 수가 없었다. 학교가 남산동에 있었을 시절 축구 솜씨가 좋은 남학생이 공을 차면 반대쪽 골대까지 공이 날아갈 정도로 작았지만 여서동으로 이사 온 지금의 캠퍼스에는 훌륭한 운동장과 멋진 체육관도 있다.

당시 가난하고 공부 잘하는 섬학생들이 졸업 후 곧바로 취직할 수 있는 곳은 공고와 상고였다. 양부모가 계신 학생들은 그래도 나은 편이지만 집안이 가난해 주간에 공장에 나가 돈을 벌어 학교에 다니던 학생도 있었다. 그 중에는 20살이 넘어서 학교를 다녀 초년 여교사보다 나이가 더 많은 학생도 있었다.

나를 살갑게 대해주던 A 교사와 30년 만에 만났다. 교감선생님이 소개를 해줘 간신히 알아본 둘이는 두 손을 맞잡았다. 그녀가 반가워하며 말을 걸었다.

"지금도 옛날 부인과 함께 잘 살고 있지요?"

"당연하죠. 왜 그런 질문을 해요?"

"요사이 하도 이혼한 사람들이 많아서요"

한바탕 웃음을 터뜨리고 얘기꽃을 피우고 있을 무렵 두 명의 제자가 찾아와 인사를 한다.

"선생님, 전혀 안 늙으실 줄 알았는데 많이 늙으셨어요."

"그래, 세월에 장사 있대? 너희들도 같이 늙어 가는데…"

"예! 저희들도 40대 중반을 넘겼으니까요. 건강하세요. 그래야 또 뵙죠."

무대에서는 졸업생들이 꾸민 밴드들이 흥겨운 노래를 부르며 춤을 추고 제자들은 모두 일어나 합창을 하며 즐거워한다. 각계각층에서 중견인으로 활동하며 기반을 잡은 제자들도 있지만 형편이 어려운 제자들과 연락이 안 되는 제자들도 있다는 전언이다.

취직하기 위해 부기며, 타자며, 주산을 열심히 공부한 제자들. 악명 높던 교련검열. 교련복을 입고 소풍가던 날들. 몰래 영화보다 학생부 교사들에게 걸려와 교무실에서 반성문 쓰던 학생들도 어느덧 40대 중년이 되어 나타났다.

제자들은 17반까지 있었던 담임교사들 사진과 이름을 적어 체육관에 걸어놓았다. 30년 전의 내 모습은 싱싱한 젊은이 모습이다. 사진 속 선배교사 세 분은 이미 이 세상 사람이 아니다.

열정으로 넘치던 초년 교사 시절 복도를 지날 때마다 인사를 하던 여학생이 있었다. 헌데 그 여학생이 인사할 때마다 한쪽 손을 주머니에 넣고 인사를 했었다.

버릇없는 여학생이라며 혼낼 준비를 하고 있던 내게 선배교사 한 분이 그 여학생의 속사정을 얘기해줬다. 중간고사를 앞두고 밤잠도 자지 않고 공부하던 그 여학생은 공장에서 졸다가 벨트에 손이 감겨 손이 잘렸었다.

친구들 앞에서 사실을 밝히던 날 강당은 울음바다로 뒤덮였었다. 그렇게 어렵게 공부하던 학생 중에는 시인이 되어 시집을 펴낸 제자도 있다. 아직도 모교에서 학생들을 지도하는 신병은 교사의 회고사가 끝나자 김영미 제자가 답사를 했다.

"돌아보면 30년 전 그때는 왜 그리도 울타리를 벗어나고만 싶었는지

1 30년 전에 여수상업고등학교를 졸업했던 제자들이 은사들을 초청했다

2 흥겨운 밴드에 맞춰 박수를 치며 즐거워하는 제자들. 뒤편에는 30년 전 내 모습도 보였다. 내게도 저렇게 젊었던 적이 있었던가?

3 옛 동료들이 한 자리에 모였다

4 어려운 가운데에서도 열심히 공부했던 제자가 시인이 되어 시집을 발간하고 내게 책 한 권을 증정했다

요. 손닿지 않은 막연한 꿈과 하기 싫은 공부에 매여 있을 때는 얼른 해방되고픈 생각으로 가득했었지요. 철들지 못한 모습들이 눈앞에 아른거리지만 그조차도 추억이고 아름다운 시간이었다는 것을 이제야 헤아려 봅니다."

그 철없던 아이들이 이제 아버지가 되고 엄마가 되고, 머리까지 희끗해진 중년이 되어 다시 만났다. "그동안 어떻게 살았는지 서로의 안부를 물을 수 있다는 것만으로도 감사하고 행복하다."는 그들에게서 10여 년 전 고등학교시절 은사들을 모시고 30주년 행사를 했던 기억이 났다. 나는 제자들에게 어떤 모습으로 기억되었을까?

(15. 11. 17)

유일한 꿈은 죽는 날까지 테니스 치는 것!

70세 넘긴 동호인 테니스클럽, 진남OB클럽을 찾아서

"골고루 골고루! 매우 쳐라!"

대화 내용만 들으면 떡 메치는 소리인지, 옛날 죄인들 곤장 치는 소리인지 구분이 안 된다. 위 소리는 여수시 오림동 진남체육공원 테니스장에서 매일 테니스를 즐기는 '진남OB클럽' 회원들이 테니스를 하며 외치는 소리다.

제일 나이 어린 선수가 71세이고 가장 나이 많은 선수가 81세인 '진남OB클럽' 멤버들. 옛날 같으면 진작 돌아가셨을 나이다. 20명 회원 중에는 의사, 약사, 공무원, 회사원, 개인사업자, 장로 등 퇴직자가 주를 이뤘다. 하지만 요즈음 돌아가시기도 하고, 타지로 전출가기도 해서 10여명으로 줄었다.

선수 모두가 30년쯤 테니스 경력을 갖춘 분들. 힘과 세기가 부족하지만 웬만한 초보자들은 이분들을 못 이긴다. 노련한 경기운영으로 짧게 줬다 길게 줬다를 반복하며 상대편을 힘들게 한다. 상대편이 전위 플레이를 하기 위해 네트 가까이 다가오면 로빙볼을 띄워 전위 플레이를 무력화시키기도 한다.

이기고 지는 승부를 떠나 매일 공을 치는 이들은 웃고 떠들며 공을 친

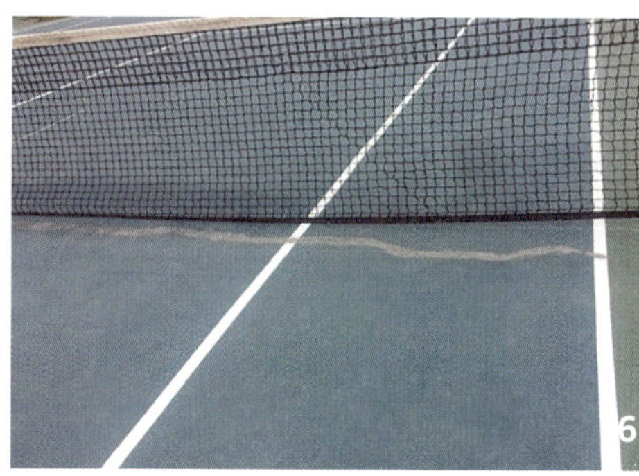

1 여수진남테니스장에서 매일 테니스를 즐기는 '진남OB클럽'회원들. 가장 나이어린 회원이 71세이고 최고령이 81세이다

2 진남OB클럽회원 중 최고령인 정채선씨 모습. 일년 365일 중 300일 테니스를 치며 인생을 즐긴다

3 진남테니스장은 총공사비 86억을 들여 작년 5월에 완공했다. 실내코트 2면, 실외코트 10면, 클레이코트 6면 총 18면이다. 조승우 코치가 '어르신 테니스교실'을 운영한다. 테니스 보급차원에서 20명에게 무료 강습(오전 10시~12시)기간은 5월~6월까지다

4 일요일 아침 일찍 테니스 경기를 끝낸 '진남OB클럽' 회원들이 인근 식당에서 식사하며 담소를 즐기고 있다

5 신사 터 아래에 있는 테니스장 모습으로 관리가 안 되어 풀이 무성하다

6 여수 거문초등학교 인근에 있는 해밀턴 테니스장으로 우리나라 최초의 테니스장이다. 영국군이 거문도에 주둔(1885~1887년)하던 당시 만들어져 최근에 여수시의 지원으로 하드코트로 개조했지만 부풀어 오른 부분이 있어 부상이 염려돼 보수가 시급하다

다. 나이가 들었기 때문에 무리하지 않기 위해 두 게임 정도만 하고 경기를 끝내는 게 다반사다.

작년에 실내테니스장이 완공돼 365일 중 300일 정도 테니스를 치는 이들의 월 회비는 3만원. 매주 일요일에는 새벽 5시 반에 나와 경기를 한 후 샤워하고 인근 식당에서 5,000원짜리 아침을 먹고 난 후 차를 마시며 담소를 즐긴다.

집에 가면 아내가 밥을 차려주지만 빙 둘러앉아 즐거운 얘기를 하며 식사하는 재미에 빠져 집에 가지 않는다. 혼자 먹는 밥은 맛이 없기 때문이다. 매일 만나기 때문에 형제간을 제외하고는 멀리 떨어져 있는 자식보다 좋다.

최고령 회원인 정채선(81세) 씨가 매일 만나 얘기하는데도 질리지 않는 이유와 테니스의 매력에 대해 설명해 줬다. 정 씨는 약사 출신이다.

"젊은이들과 대화하려면 세대차이가 있어 어려움이 있어요. 그런데 우리들은 여순사건, 6·25, 4·19, 5·16, 5·18 등의 현대사를 겪었기 때문에 자연스럽게 살아온 이야기를 하며 정을 나눕니다.

주위에서 테니스는 과격한 운동이라고 걱정하는 분들이 계시지만 나이 들었기 때문에 과격하게 치지 않고 레크리에이션으로 여기면서 공을 칩니다. 우리 모임은 사회적으로 높고 낮음과 빈부귀천을 초월한 친구입니다"

"혹시 사모님도 같이 공을 치십니까? 세상사는 후배들을 위해 한 말씀해 해주세요."라고 부탁을 드렸더니 돌아온 답변이다.

"가능하면 아내와 같은 취미를 가져야 합니다. 잘못해 혹시 싸움을 하더라도 화해를 하고 같이 대화하며 살아야 합니다. 아내가 취미생활을 해요? 아이구! 옛날에는 시부모 모시고 애들 키우느라 취미생활은 엄두도 못냈죠. 아이가 예뻐도 부모눈치 보느라고 부모님 앞에서 애를 보듬지도 못했어요. 요새는 부모가 뒷전으로 밀렸죠."

함께 테니스 치던 5살 위 선배가 올해 돌아가셔 최고참회원이 된 정씨의 소원은 "죽는 날까지 공치는 것."이다.

"찰리 채플린이 사회가 물질을 지배해야 한다고 말했는데 물질이 사회를 지배하는 세상이 됐다."며 한탄한 정씨는 "우리는 단일민족으로 배웠는데 요즘은 다문화사회가 추세이니 인정해줘야 한다."며 대세를 거스르려 하지 않는 삶의 지혜를 보여줬다.

향후 만들 하드코트 6면에 지붕을 씌워 전천후 테니스장으로 만들어 달라!

총공사비 86억을 들여 실내코트 2면, 실외하드 코트 10면, 클레이코트 6면, 총 18면을 갖춘 진남테니스장은 2015년 5월 23일 준공했다. 현재 7클럽 150여명이 사용 중이며 개인적으로 테니스를 치러 오는 분들도 많다.

클레이코트 6면도 하드코트로 바꿀 계획인 정책에 대해 동호인들이 이구동성으로 요구하는 게 있다. 6면 위에도 지붕을 만들어 전천후 구장이 되도록 해달라는 것. 지붕을 씌우면 얼굴이 타는 게 싫어 테니스를 꺼렸던 여성들의 참가가 늘어날 것이라는 게 중론이다.

우리나라 최초 테니스장인 거문도 테니스장을 살려야!

회원 중에는 거문도에서 태어나 거문도 문화관광해설사로 일하는 마광헌(67세) 씨가 있다. 대화에 끼어든 그가 거문도 테니스장의 안타까운 상황에 대해 입을 열었다.

우리나라에 최초로 테니스장이 세워진 곳은 거문도이다. 영국군이 러시아의 남진을 막기 위해 불법으로 거문도에 2년간 주둔(1885년~1887년)하며 해밀턴테니스장을 만들었다. 현재 거문도에는 테니스장이 두 군데가 있다.

거문초등학교 인근에 있는 하드 코트인 해밀턴코트는 여수시청에서 부지와 시설비를 들여 만든 코트이다. 하지만 코트면이 부풀어 올라 부상 염려가 되어 보수가 시급하다.

일제신사 터 아래의 클레이코트는 30여 년간 개인 땅을 임대해 사용해 왔는데 관리가 되지 않아 풀이 무성한 실정이다. 역사와 전통이 있는 거문도 테니스장에 대한 실태점검과 보수가 요구된다.

(16. 06. 13)

뒷짐 진 외손주를 보고 옛 성현의 말씀이 생각났다

어른을 잃어버릴 뻔한 대한민국, 헌재 재판관들이 구했다

"어머머! 얘! 재좀 봐봐! 조그만 어린애가 어른처럼 뒷짐을 지고 가네. 정말 귀엽고 웃긴다. 호호호!"

이달 말이면 두 살이 되는 외손주와 함께 일산OO 상가에서 저녁을 먹다가 외손주를 화장실에 데리고 가던 중 지나가는 아가씨들이 던진 대화 내용이다.

직장에 출근하는 딸은 아이를 돌봐줄 수 있는 시부모와 함께 산다. 물론 시댁과 가까운 곳에 집이 있지만 시부모가 자상할 뿐만 아니라 맘이 편하기 때문에 월요일부터 금요일까지 시댁에 들어가길 자청했다.

정년을 앞둔 시아버지가 출근하시면 외손주를 돌보는 건 할머니 차지다. 잠잘 때를 빼고 하루의 대부분을 할머니와 생활하고 일찍 퇴근하시는 할아버지의 사랑을 독차지하는 외손주는 자연스럽게 두 분의 생활모습과 말투를 닮아가고 있다.

일보러 가끔씩 서울에 올라갈 때마다 외손주 모습에 웃음이 절로 난다. 할아버지가 뒷짐을 지고 산책하거나 아파트에서 창밖을 볼 때마다 뒷짐 진 모습을 그대로 따라 하기 때문이다.

'눈길을 걸을 때 함부로 걷지 마라'는 성현의 말씀

"길이 아니거든 가지를 말라.", "윗물이 맑아야 아랫물도 맑다."는 격언은 수없이 들었던 격언이다. 서산대사의 시라고 알려졌다가 정조와 순조 시절에 살았던 이양연의 시라는 논란이 일고 있는 시가 오늘을 사는 사람들이 음미해야할 경구다. 김구 선생께서도 인용해 유명해졌던 시의 한 구절이다.

踏雪野中去 (눈을 밟고 들길을 가면)
不須胡亂行 (모름지기 아무렇게나 걷지를 말자)
今日我行跡 (오늘 내가 밟고 간 이 발자국이)
遂作後人程 (뒷사람이 밟고 갈 길이 될 테니)

누가 쓴 시인지는 내게 중요하지 않다. 눈밭을 가더라도 어지럽게 발자국을 남기면 뒤에 오는 사람에게 길잡이가 될 수 있으므로 조심스럽게 가야 한다는 것이 시의 요지이다. 눈 오는 겨울 산을 올라 짐승 발자국을 살펴보라. 앞서간 동물의 발자국을 보고 거의 대부분의 발자국이 따라간다. 하물며 인간의 발자국 조심은 말할 필요가 없다.

존경받을 어른이 사라져버린 대한민국의 3개월… 헌법재판소가 살렸다.

2016년 12월 9일 국회에서 탄핵안이 가결되고 지난 10일 헌법재판소에서 박근혜 전 대통령이 파면선고를 받는 3개월 동안 대한민국에는 존경받을 어른이 보이지 않았다. 아니! 젊은이들이 나이든 내게도 '꼰대'라며 망신 줄까 두렵다.

찬반양론으로 갈린 국론을 부추긴 사람들 중에는 그동안 지성인으로, 존경받았을 어른(?)으로 꼽혔던 변호사들도 있었다. 그런데 찬성을 이야기하는 변호사보다 반대를 외치는 변호사들이 검색순위 상위에 오른 건

왜일까?

국민 대부분의 상식에 반하고 본인의 의견만이 옳다고 주장했기 때문이다. 태극기는 대한민국 국기다. <한국민족문화대백과사전>이 밝힌 태극기 관리요령이다.

"태극기는 우리 겨레와 국가를 상징하는 것인 만큼 언제나 소중히 간직하고 잘 다루어야 한다. 해가 뜰 무렵에 달았다가 해가 질 무렵에는 반드시 걷어 들이고, 비 또는 눈이 내리는 날은 달지 않는다."

태극기를 들고 시위에 나선 이들 중 일부는 사용한 태극기를 길거리에 버리고 심지어 우동을 먹다가 한 시민으로부터 험한 소리까지 들었다. 특검에 불려나와 조사를 받고 구속된 이들 중에는 대한민국 최고대학 최고학과를 졸업한 이들도 있다. 줄줄이 구속된 고위직 출신 공무원들도 대부분 동 대학출신이다. 교사였던 나는 "이런 사람들을 키우기 위해 교사들이 땀 흘렸던가!" 하는 자괴감에 빠졌었다.

반짝반짝 빛나는 바다를 보며…" 아! 대한민국에 이런 날도 오는구나!"

3월 10일 오전 11시, 두근거리는 마음으로 TV를 시청하던 국민들은 탄성을 질렀다. 그 중에는 나도 있었다. "박근혜를 파면한다!" 2시간 후 볼일이 있어 바닷가로 차를 운전하며 바라본 바다가 반짝반짝 빛나고 있었다. 차가운 겨울바람이 사라지고 먹구름으로 가득했던 하늘에 따뜻한 양떼구름이 천천히 흘러가고 있었다.

창문을 열고 가슴을 펴며 지난 3개월간의 일을 떠올려봤다. 북한은 지속적으로 도발하고 미국, 중국, 일본, 러시아 4대 강국에 둘러싸여 이리저리 치이면서도 속만 태우는 대한민국. 경제는 동력을 잃고 사회는 양분된 대한민국. 결혼, 출산, 취직을 못한 젊은이들이 움츠러든 대한민국. 게다가 정치까지 망가진 대한민국을 생각하면 참담했었다. 그때였다. 갑자기 가슴속에서 전인권의 <걱정 말아요 그대> 노랫말이 떠올랐다.

그대여 아무 걱정 하지 말아요
우리 함께 노래합시다
그대 아픈 기억들 모두 그대여
그대 가슴에 깊이 묻어 버리고
지나간 것은 지나간 대로
그런 의미가 있죠
떠난 이에게 노래하세요

강일원, 이정미 재판관… 대한민국에 아직도 존경받을 어른이 있구나!

강일원 헌법재판관은 지속적으로 피의자측 변호인들로부터 공격을 당했다. 심지어 국회 측이 아니냐는 공격까지 당했지만 조리 정연한 질문으로 피의자 측 변호인들을 꼼짝 못하게 했다. 이정미 재판관의 헤어롤은 외신까지 보도됐다. 평소 같으면 가십거리로 보도될 해프닝이지만 일하는 여성의 아름다운 실수로 칭찬받았다.

반면에 박근혜 전 대통령은 어땠는가? 세월호 사고로 수많은 사람들이 죽어가는 시간에 한가롭게 머리를 올리고 납득되지 않는 몇 시간 후에야 모습을 드러냈다. 어디 그뿐인가? 박근혜 전 대통령은 전속미용사 2명을 버킹엄궁까지 데리고 가기도 했었다.

재임시절 핀란드를 국가청렴도 1위, 국가경쟁력 1위, 교육경쟁력 1위로 만든 핀란드 여성 대통령 할로넨이 2000년도에 한국을 방문했을 때 그녀의 평범한 행동이 화제가 됐다. 집에서 쓰던 다리미를 가져와 직접 옷을 다렸고 호텔 전속미용사를 보냈더니 "머리 손질은 내가 직접 한다."며 거절했기 때문이다.

존경받을 어른이 없는 사회는 많은 시행착오를 겪는다. 때문에 존경받

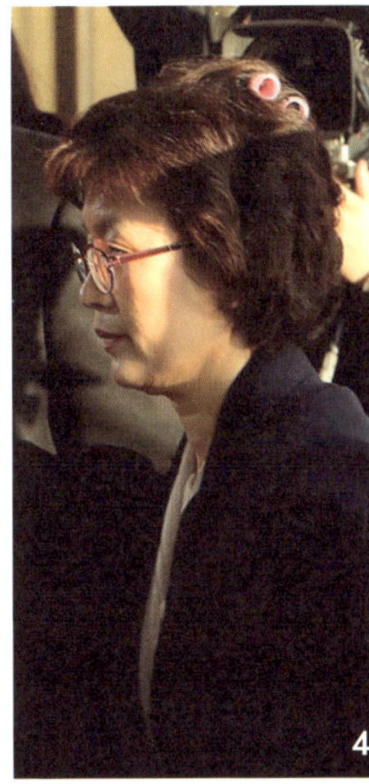

1 이달 말 두 살이 되는 외손주가 화장실가며 뒷짐을 지고 걷자 주변 아가씨들이 귀엽다며 웃었다. 할아버지가 뒷짐진 채 산책하는 모습을 따라하고 있다. 어른들 행동은 아이들이 본받는다는 것을 보여준다

2 외손주와 놀이공원에 갔을 때 길거리 화가의 캐리커쳐.

3 강일원 헌법재판관 모습 © 오마이뉴스

4 외신에까지 보도됐던 이정미 헌법재판관의 헤어롤 모습. 올바른 재판을 위해 전심전력을 다한 이정미 재판관의 모습이 아름답기까지 하다 © 연합뉴스

을 수 있는 어른이 나와야 하고 나이든 분들은 언행에 조심을 해야 한다. 뒤따르는 후배들이 보고 배우기 때문이다. 명판결을 내린 8명의 헌법재판관들에게 감사드리며 후배들이 존경할 어른들이 생겨 다행이다.

어지러운 세상에는 시대를 막론한 불문율이 있다. “윗물이 맑아야 아랫물도 맑다.” 할아버지의 뒷짐 진 모습을 보고 자랄 외손주에게 행복한 대한민국을 물려주고 싶다.

(17. 03. 13)

논 열 마지기 값 금시계 주워 돌려준 게 아버지 살려

고향에서 만난 50년 전 추억담

추석을 맞아 고향 동네에 사는 친구 집을 찾아갔다. 농사지며 고향을 지키는 친구가 몇 명 있지만 이 친구에게는 특별한 사연이 있다. 미국에서 23년간 사업하다 고향에 돌아와 살기 때문이다.

초등학교 시절 같은 반이었던 친구는 3개월 정도 결석했었다. 장기간 결석 이유를 알게 된 것은 2008년 박원순 시장(당시 희망제작소 상임이사) 일행과 함께 뉴욕의 지역재단 현황을 알아보기 위해 뉴욕을 방문했을 때였다. 필자와 40여년 만에 만난 친구가 결석했던 이유를 말해줬다.

모두가 가난했던 당시 동네에는 장티푸스가 돌았고 병약했던 친구는 심하게 앓다가 죽었다. 친구 아버지는 그를 가마니에 돌돌 말아 앞산에 묻으려고 했지만 장손의 죽음에 충격을 받은 그의 할아버지가 "혹시 살아날지 모르니 3일만 기다려보자."고 했고 3일 후에 기적적으로 되살아났다.

당시는 모두가 가난했던 시절이다. 고기 살 돈이 없던 그의 할아버지는 단백질 공급원인 쥐를 잡아 먹이고 정성껏 보살펴 그가 회복됐다.

가난해 야간 중고등학교와 야간 대학까지 졸업한 그는 뉴욕에서 조그만 건설회사를 운영하다 은퇴하고 고향으로 돌아와 산다. 올봄 귀국한지 일주일 후 치매에 걸렸던 아버지의 임종을 지켜본 것도 귀국을 결심하게 된 이유다. 바삐 사느라 부모님께 불효했다는 후회가 밀려왔단다.

50년 전 길에서 주운 금시계를 주워 되돌려 준 지인... 아버지를 살려주셨다

친구 집으로 가는 길에는 지인이 살고 있었다. 지인의 대문간에서 집안을 살펴보니 지인과 며느리인 듯한 여성이 함께 음식물을 다듬고 있었다.

지인께 인사를 하며 소개를 해도 내가 누구인지를 몰랐다. 허긴 고향 떠나 산 지가 50여년이 넘었으니 알 리가 없겠지. 돌아가신 어머니 얘기를 하고 50년 전 금시계 사건을 말씀드리자 단박에 알아채고 손목을 덥석 잡으며 반갑게 맞이해 주셨다.

지인과 우리 집안이 가까워진 것은 50년 전 가을추수가 한창일 무렵이다. 당시는 벼를 베면 논에서 말려 지게를 이용해 집으로 나르거나 리어카나 소가 끄는 수레에 볏단을 싣고 와 볏단을 높이 쌓아올렸다.

높이 쌓아올린 볏단은 겨울이 오기 전까지 일꾼들을 부르거나 이웃집 사람들과 함께 품앗이로 탈곡했다. 부잣집에는 탈곡기가 있었지만 대부분은 홀태를 이용해 벼를 탈곡했다.

거의 모든 일을 수작업으로만 하던 시골은 바빴다. 특히 추수가 시작된 10월 농촌은 부엌에 있던 부지깽이도 뛴다고 했다. 10월 어느 날 밤 섬진강가 기름진 '한들'에서 잘 익은 벼를 말린 식구들은 볏단을 싣고 집으로 오고 있었다.

새벽부터 일했지만 일이 끝나지 않아 밤 8시 무렵에 리어카에 볏단을 싣고 집으로 향했다. 우리 논이 있는 '한들'에서 집으로 오려면 곡성읍내 주변을 흐르는 괴냇물이 섬진강으로 흘러들고 있는 개울을 통과해야만 했다.

집으로 오는 도중 만나는 가장 난코스 중 하나다. 그곳 개울에는 모래와 잔자갈이 깔려있어 바퀴가 모래 속에 한번 빠지면 짐을 다시 풀었다가 물을 건너와 다시 실어야 하는 난코스다. 상상이 안 되는 분들은 진흙탕에 빠진 자동차 바퀴를 연상하면 된다.

심호흡을 크게 한 우리는 경사진 곳에서부터 가속을 해서 괴냇물을 건너기 시작했다. 아버지는 앞에서 끌고 중학생인 형과 내가 뒤에서 밀었다. 한번 빠지면 안 되기 때문에 거의 70도 경사로 몸을 숙여 있는 힘껏 리어카를 밀었다.

간신히 개울물은 건넜다. 나는 신발 속에 들어간 모래를 털어내고 물가에서 발을 씻으며 아버지한테 이야기를 했다.

"아버지 괴냇물속에 금붕어가 있어요."

"민물속에 금붕어가 있다니 말도 안 된다."

1 뉴욕에서 23년간 살다 고향으로 돌아와 살고 있는 친구(오른쪽에서 두 번째)와 들른 지인의 집. 맨 가운데 계신 분이 지인의 부인(84세)으로 50년 전 금시계 사건을 생생히 기억하셨다

2 50년 전, 금시계를 주워 시계주인인 지인의 집을 방문했을 때 지름 10여 미터 높이10여 미터의 볏단을 쌓아둔 곳에는 예쁜 정원수가 심어져 있었다

3 100년도 더 된 우물을 그대로 사용하고 있었다. '우물 정(井)'자 모습의 우물이다.

"에이! 확실히 봤다니까요. 땅바닥만 보고 뒤에서 미는데 물속에서 반짝반짝거리는 게 있었다니까요."

"정 그렇다면 한번 가봐라."라는 말에 발목까지 빠지는 물속에서 건진 건 선생님 손목이나 책에서만 보았던 시계였다. 집으로 돌아오는 길에 횃불을 든 두 명의 사람들이 "혹시 금시계 못 보았느냐?"고 물었다. 그들은 동네에서 가장 잘사는 부잣집 머슴들이었다.

밤이 늦어 집에 가기 바쁜 우리는 집에 돌아와 밥을 먹으며 시계를 꺼내봤다. 반짝반짝 빛나는 시계다. 그제야 우리는 그 시계가 그들이 찾는 금시계라는 걸 알았다. 금시계 주인에게 되돌려주기로 결정한 아버지와 내가 금시계를 들고 부잣집을 찾아가니 지름 10여 미터에 높이 10여 미터쯤 되는 볏단을 허물어 헤치고 모든 식솔들이 금시계를 찾고 있었다. 그 볏단을 다 풀면 수천 개는 됨직했다. 부잣집인 지인 집에는 많을 때는 머슴이 일곱 명이나 됐다고 한다.

눈물을 글썽이며 "고맙습니다! 고맙습니다!"를 연발하던 지인은 "금시계가 논 10마지기 값."이라고 말해줬다. 우리 전 재산이 논 다섯 마지기였으니 얼마나 비싼 시계인가를 알 수 있었다.

다음날 호롱불만 켜던 우리 집에는 전기가 가설되고 라디오도 없던 집에 스피커가 연결됐다. 그 부잣집 지인이 돈을 대 설치해준 것이다.

지인은 그 후 설날과 추석이면 항상 돼지고기 몇 근을 보내주셨다. 좋은 일하면 복을 받는다던가. 그 일이 있고난 지 2년쯤 지난 여름날이다.

원두막에서 밤을 지새운 아버지가 피를 토하고 쓰러졌다는 전갈이 왔다. 형과 나는 리어카를 끌고 원두막으로 달려가 아버지를 싣고 집으로 오던 중 그 지인의 집 앞을 지나고 있었다.

모시한복을 입고 대문 앞에 계시던 그분이 "무슨 일이냐?"며 물었다. 자초지종을 설명하고 집에 돌아와 불을 땐 아랫목에 아버지를 누이고 따뜻한 물을 드시게 한 후 차도만 지켜보고 있었다.

동네에 병원도 없었고 가족들 모두 병원 문턱 한번 넘어본 적이 없었기 때문에 호전될 줄 알고 있었다. 아버지는 끙끙 앓고 계셨다. 그때였다. 밖에 인기척이 있어 방문을 열자 동네 의사역할을 하는 산파 아주머니가 오셔서 주사를 놓아주시며 약을 주셨다.

"하마터면 큰일 날 뻔 했어요. 급체라 손을 빨리 안 쓰면 죽을 수도 있었어요."

해마다 명절이면 돼지고기를 보내주시던 그 지인은 병에 걸려 30여 년 전 돌아가셨다고 한다. 다행인 것은 지인의 부인께서 자세한 전말을 기억하시고 계셨다.

지금이야 돼지고기가 흔해빠졌지만 필자의 어린 시절엔 돼지고기도 명절에나 맛보는 귀한 음식이었다. 그때 먹었던 맛있는 돼지고기와 이웃 간의 훈훈한 정이 그립다.

(18. 09. 27)

조계산 1,000여 회나 등반, 무슨 이유로

여순사건 다룬 소설 <조계산의 눈물> 펴낸 김배선 씨와 동반 산행

12일(화), 조계산을 1,000여 회 등반해 두 권의 자료집을 발간한 김배선 씨와 함께 조계산을 올랐다. 등산에는 순천국유림관리소 박상춘 소장 일행이 동행했다.

조계산은 순천시 승주읍과 송광면이 사이좋게 정상을 나누고 있으며 주암, 외서, 낙안의 3개면이 산자락에 걸쳐있다. 조계산에는 송광사와 선암사가 서쪽과 동쪽에 자리하고 있으며 골마다 불탑과 암자가 있는 곳으로 불교문화유산이 가득하다.

근현대사의 아픔 간직한 조계산

조계산은 한말 의병장인 안규홍 부대가 향로암을 근거지로 삼아 일제에 항쟁한 곳이다. 뿐만 아니다. 6·25전쟁 전후에는 빨치산 활동의 주요 거점이 되어 산 아랫마을 사람들은 고난의 삶을 살았던 아픈 역사를 간직한 산이다.

조계산이란 이름이 태어난 연유 속에는 송광사와 선암사 즉, 불교와 밀접한 관계가 있다. '조계'라 하면 우리나라 불교의 한 종파인 조계종을 떠올리게 된다. 조계종은 고려시대에 신라의 구산선문을 통합한 한 종파

이다.

미세먼지가 일부분 걷혔다지만 하늘이 아직도 뿌옇다. 호남정맥 끝자락 주변에 옹기종기 펼쳐진 마을 중 하나인 '수정마을'을 거쳐 임도를 따라 고동재로 오르니 안개가 짙게 끼어 앞이 보이지 않았다. 산을 오르는 내 마음에도 안개가 끼어 뿌옇다.

차 한 대가 겨우 지나갈 수 있을 정도의 좁은 길이 내 가슴을 무겁게 짓누르는 것은 이 길이 한국 근현대사의 아픔을 간직한 길이기 때문이다. 1948년 10월 19일 여수군 신월리에 주둔했던 제14연대가 제주 4·3사건을 진압하라는 명령을 거부하면서 시작된 여순사건의 흉터가 남아있는 길이다.

"동포를 학살할 수 없다."며 일어선 봉기군은 발생 3일만인 10월 22일 남원·구례 방면으로 진격했지만 순천의 학구전투에서 진압군에 패배했다. 패배한 봉기군은 지리산과 백운산 조계산 등으로 입산해 빨치산 투쟁을 전개했다. 14연대 군인 중에는 낙안 출신이 11명이나 속했다.

우리가 오른 고동재는 조정래의 <태백산맥>에 등장하는 염상진이 오갔던 길이다. 뿐만 아니다. 6·25전쟁 당시 '외서', '이읍' 마을 청년들이 낙동강 전선에 투입되기 위해 넘었던 고갯길이기도 하다.

고동산 정상(709m)에 오르니 관목과 철쭉 경관림이 조성되어 있었다. 전망대에 올라 사방을 둘러보아도 안개가 앞을 가려 시야를 흐린다. 그나마 다행인 것은 조계산 주변의 산과 들, 마을 위치가 그려진 '조계산 전망안내도'가 있었다.

조망안내도에는 낙안면 목촌리, 낙안면 금산리, 낙안읍성 민속촌, 외서면 신덕리 등의 지명이 나오고 마을 뒤로는 금전산, 제석산, 백아산, 상탕군산 등의 산들이 보인다. 그 중 퍼뜩 눈에 띄는 산이 있다.

제석산! 소설 <태백산맥>의 배경이 되는 산이다. 고동산 정상에 올라보니 조계산이 왜 빨치산들의 활동무대가 되었는지가 이해가 됐다. 전망대에 기록되어 있는 산들은 조계산 연봉으로 감자 줄기에 올망졸망 달려있는 감자처럼 연결되어 있다.

조계산 일대에서 활동하던 산 사람들은 밤이 되면 인근 마을에 내려가 보급투쟁과 함께 젊은이들을 끌고 입산해 인력을 충원했다. 고동재를 돌아보고 굴목재 방향으로 이동하면서 두 분과 대화를 나눴다.

김배선 씨 고향은 조계산 인근 평촌마을이다. 1951년생이기 때문에 자라면서 어른들로부터 토벌대와 산 사람들 사이에 벌어진 수많은 전투와 죽음에 대해 들었다. 글은 몸속에 흐르는 피떡(아픔)을 토해내는 작업인지도 모른다.

1 조계산 고동재몬당에서 조계산 일대에 펼쳐진 산들과 마을들을 설명하는 김배선 씨 모습

2 고동재를 내려와 굴목재로 가는 길에선 김배선(좌측) 씨와 순천국유림관리소 박상춘 소장

3 호남정맥을 따라 조계산 고동재를 거쳐 수정마을로 내려가는 길. 소설 <태백산맥>속 주인공 염상진이 걸었던 길이기도 하다

1,000번 넘게 조계산을 등반해 조계산 전문가가 된 김배선

그래서일까? 그의 유전자 속에는 쓰지 않고는 배길 수 없는 끼가 흐르고 있었나보다. 글쓰기를 좋아한 그는 중학교 때부터 소설 습작을 했다고 한다. 그에게 10년째 조계산을 탐방하며 기록을 남긴 이유를 묻자 돌아온 답변이다.

"해양경찰에 근무하면서 퇴직하면 뭘 할지 고민하다 퇴임을 6년 앞둔 2002년부터 조계산을 본격적으로 탐방하며 자료를 수집하기 시작했죠. 인근 마을주민들을 만나고 골짜기들을 돌다가 여순사건 이후에 벌어진 수많은 전투와 죽음을 기록으로 남기기로 했습니다. 그 첫 번째 기록이 조계산을 소개하는 <조계산에서 만나는 이야기>이고, 두 번째가 여순사건에 휘말려 죽어간 수많은 죽음에 대해 쓴 <조계산의 눈물>입니다."

'굴목재몬당'까지 가는 등산로 주변에는 수많은 그루의 참나무들이 자라고 있었다. 등산로 주변에 허옇게 뿌리를 드러낸 채 죽어가는 나무뿌리를 보던 김배선 씨가 안타까운 마음을 토로했다.

"산은 지질에 따라 '암산'과 '육산'으로 나눕니다. '암산'은 주요 봉우리와 능선이 암석과 바위로 이뤄져 남성적 위용을 자랑하는 것이 특징입니다. 금강산, 관악산 등의 주요 명산이 '암산'입니다. 반면에 조계산은 정상 남쪽 바로 아래 '배바위'를 제외하고는 부드러운 흙이 있는 '육산'입니다. 선암사와 송광사를 왕래하는 등산로 중에는 수많은 사람들이 왕래하며 만든 길이 있습니다. 이들의 발걸음에 움푹팬 등산로가 홍수 때마다 쓸려가 버린 곳이 많아요. 자연을 훼손하지 않도록 조심해야합니다."

동행한 순천국유림 관리사업소 박상춘 소장은 옛날 직책으로 치자면 산림감독원을 줄인 '산감'이다. 중학교 시절 나무를 해 리어카에 싣고 집으로 돌아오다 산감에게 적발되면 벌금을 물리는 직책이어서 무서워했던 기억이 되살아나 대화를 시작했다.

"소장님. 옛날 시골사람들이 가장 무서워했던 사람들이 산감이잖아요?"

"예! 맞습니다. 첫 발령지가 강원도였는데 주민들이 오래전에 유행했던 우스갯소리를 해주더라고요. 산감이 오면 방안에, 경찰이 오면 마루에, 면서기가 오면 마당에 상을 차렸다고 하더라고요. 하지만 지금은 전혀 그렇지 않습니다. 고동산경제림단지를 조성하고 산림자원의 가치를 높이는 방안을 강구 중입니다. 뿐만 아니라 산에 인문학적 가치를 담아 지게놀이, 캠핑장을 만들고 송광사와 선암사, 낙안읍성을 연계하는 테마체험공

1 조계산 전문가 김배선씨가 쓴 <조계산의 눈물>과 <조계산에서 만나는 이야기> 책 모습

2 일행이 걸어가는 일대에는 참나무와 산죽이 어우러져 있었다. 토벌대에 쫒기다 이곳으로 몰린 빨치산들이 숨을 곳이 없어 많은 희생자가 나왔다고 한다. 홍수가 나면 지금도 뼈와 총탄이 발견되기도 했다고 한다

3 산을 가다 진정한 등산인을 만났다. 그분은 등산로에 떨어진 조그만 종잇조각까지 줍고 있었다

4 송광사와 선암사 중간 "지경터"에 있는 원조 보리밥집 모습. 물레방아를 이용해 발전을 하기도 했다

간을 구상하고 있습니다."

굴목재 인근 임도를 지나가는 동안 박상춘 소장이 입을 열었다.

"인근 임도 주변은 저에게 애환 서린 길입니다. IMF를 맞아 실업자가 된 사람들을 구제하기 위해 3년 동안 연인원 1만 명이 이 길을 닦고 나무를 관리하던 곳입니다."

지경터 인근 산 사람 아지트

'지경터'란 선암사와 송광사로 넘어가는 산길 중간의 남쪽을 향한 개울과 보리밥집 일대를 일컫는 이름이다. '지경터'란 한자어 지경(地境) 즉, 땅의 경계와 우리말의 '자리'를 뜻하는 '터'의 합성어다.

'지경터'에는 양쪽을 오가는 사람들이 잠시 휴식하며 식사를 하거나 막걸리를 마시는 보리밥집이 있다. 현재는 위아래 두 개의 보리밥집이 있다. 원조 보리밥집이 있는 곳으로 가기 위해 다리를 건너기 직전 김배선 씨가 계곡물 주변 산죽이 우거진 곳을 가리키며 설명을 했다.

"이곳 아지트를 맴산골아지트라고 부릅니다. 개천가 바위 사이에 굴을 파서 만든 20여 명이 은신할 수 있는 인공아지트입니다. 발각되지 않기 위해 팔 때 나온 흙은 물에 흘러보냈고 흙탕물이 아랫마을까지 흘러가지 않도록 자정 무렵에 마쳤다고 합니다."

곳곳에 남아있는 숯가마터... 100여 개의 숯가마가 있었다

선암사와 송광사 양 사찰에서 주관한 숯가마는 대단히 중요한 사업이었다. 사찰에서는 산 전체를 31개 구역으로 나누어 매년 돌아가면서 숯을 구웠다. 숯가마는 주변마을 사람들에게 일자리와 소득을 제공했다. 숯가마는 위를 돔 형태의 흙으로 만든 지붕을 덮고 앞에는 약 60㎝의 사각 불문이, 뒤에는 지면 밖으로 굴뚝이 나와 있다.

일행이 구경한 숯가마는 지름 3m, 높이 180㎝쯤 되는 숯가마터였다. 특별히 조계산 숯가마가 많은 것은 사찰림으로 보존한 참나무가 많았기 때문이다. 조계산 인근에 사는 사람들은 숯가마를 '숯굿막'이라고 부른다. 이는 숯굿(숯구덩이)과 숯막(숯 굽는 사람들의 움막)이 합쳐진 말이다.

김배선 씨는 사비를 들여 조계산 요소요소에 100여 개의 이정표를 만들어 세웠다. 원조 보리밥집 옹벽 옆에는 그동안 김배선 씨가 조계산 곳곳에 만들어 붙인 전설과 이야기를 전하는 내용이 붙어있었다. 등산을

5 원조 보리밥집 옹벽에는 김배선 씨가 조계산 곳곳에 세웠던 이정표를 모아놓았다. 헐어 떨어진 이정표에는 조계산 전설과 곳곳에 얽힌 사연들이 적혀 있었다

6 보리밥집 옆 인근 계곡물이 흐르는 개울가에는 "산 사람"들이 숨어 살았던 아지트가 있었다. 김배선 씨가 여순사건 당시 빨치산들이 숨어 살았던 아지트가 있었던 곳을 가리키고 있다

7 조계산에는 숯을 굽는 숯굿막이 100여개나 됐다고 한다. 숯굿막에 선 일행들의 모습이 보인다. 지름 3미터에 높이 180센티미터쯤 된다

8 숯을 굽는 "숯굿막"에서 연기를 빨아내기 위해 만든 굴뚝. 수십 년이 지났지만 아직도 그을린 자국이 선명하게 남아있었다

마치고 집으로 돌아가는 길에는 매화꽃이 피어나고 있었다.

돌부리에 걸려 넘어지지 않기 위해 땅을 내려다보며 생각해 보았다. 당시를 살았던 사람들은 공산주의가 뭔지, 민주주의가 뭔지도 잘 모르던 사람들이었다. 그저 배고프지 않고 알콩달콩 살기를 원했던 사람들이 아닌가? 이념이 뭔지도 모르던 사람들이 하루아침에 이념전쟁이란 격랑에 휘말려 피를 흘리며 서로를 증오하지 않았는가? 당시에도 매화꽃은 피었을 텐데. 저 매화는 당시의 아픔을 기억할까? (19. 03. 18)

이게 가능? 퇴직 후 혼자 3년 동안 지은 2층 집

400여 평 농사 짓는 여수 사는 김오곤 씨…
"수익형 농사로 확장하는 게 목표"

요즈음을 100세 시대라고 한다. 퇴직 연령을 60세로 잡아도 무려 40년을 소득 없이 살아야 하는 시대다. 남은 40년을 현명하게 살아가는 방법은 없을까? 돈이 많으면 노후준비는 끝난 것일까? 안타깝게도 풍족한 노후자금만으로는 행복한 노후가 보장되지는 않는다.

미국 하버드대학교를 졸업한 성인 남녀 814명의 인생을 75년간 추적 조사한 '하버드 대학교 성인 발달연구'에 의하면, 행복하고 건강한 노후를 결정짓는 가장 중요한 요소는 돈이 아니라 인간관계라고 규정했다. 100세 시대에는 일, 건강, 인간관계, 자기계발, 삶에 대한 태도 등 다각적인 측면에서 노후준비를 해야 한다.

14일 테니스클럽 동호인으로 나이 들어서도 멋진 삶을 사는 김오곤(66세)씨 댁을 방문했다. 그가 사는 여수시 돌산읍 서덕리 덕곡마을은 여수 시내에서 20분쯤 달리면 나온다.

30여 년 전에는 군 생활했던 강원도 산골짝 길보다 훨씬 험했지만 요즈음에는 4차선 도로가 뚫려 접근성도 좋다. 도로 입구까지 마중 나온 그를 조수석에 태우고 올라가는 돌담길은 꼬부랑길이다.

"아니! 귀농했다더니 동네 가운데서 살아요? 간신히 차 한 대만 지나갈 수 있는 골목길인데 차 돌릴 데는 있어요?"

"걱정마세요."

꼬부랑 돌담길을 지나니 하얀 2층집이 보였다.

"아니! 들판 가운데 컨테이너 집이나 철근으로 가건물 하나 지어 살 줄 알았는데 이렇게 멋진 집을 지었어요? 돈은 얼마나 들었고 시간은 얼마나 걸렸습니까?"

"혼자서 3년 동안 지었어요."

저렇게 멋진 집을 혼자서 지었다는 게 믿어지지가 않아 "정말 혼자 지었느냐?"고 묻자 "정말"이란다. 집 바로 옆 비닐하우스(100평) 오른쪽 동에서는 다육식물이 자라고 있었고 왼쪽 동에는 고추가 건강하게 자라고 있었다.

비닐하우스 옆 밭에는 옥수수, 깨, 고추, 비트, 상추가 자라고 소량이지만 포도, 대추, 감, 사과, 복숭아, 매실까지 자라고 있었다. 놀란 입이 다물어지지가 않아 거실로 들어가 귀농해 살아온 이야기를 들었다.

퇴직하기 전부터 농사짓는 게 꿈이었던 김오곤

우체국에서 40년 동안 근무한 그는 여수 시내 우체국장을 마지막으로 명예퇴직(2014년)했다. 그는 퇴직하기 10년 전부터 농사 짓는 게 꿈이었다. 귀농할 장소를 물색하며 여수 관내를 안 가본 데가 없었다.

하지만 마음에 들면 비싸고, 싼 곳에 가면 길이 없었다. 어느 날 배달갔다 온 직원으로부터 좋은 땅이 있다고 해서 답사해 보니 마음에 들었다. 40여 호가 사는 덕곡마을은 남향으로 도로 건너편에 편백숲이 있고 커다란 저수지가 있을 뿐만 아니라 뒷산에서는 양질의 지하수가 나오는 곳으로 너무나 마음에 든 장소였다.

그는 무너져가는 집과 텃밭 포함 420평을 2,200만 원에 구입했다(2013년). 농부가 되기 위해 발 벗고 나섰다. 그는 정부 보조를 받아 비닐하우스 2동을 지어 첫 번째 동에는 다육식물(40여종 2~3천개)을 심었고 두 번째 동에는 고추를 심었다.

40년 동안 우체국에 근무했던 그에게 농사짓기는 쉬운 일이 아니었다.

1 김오곤 씨가 혼자서 3년 동안 지은 집 앞에서 포즈를 취했다. 프로 못지 않은 그의 솜씨에 놀랐다.

2 그의 비닐하우스에는 다육식물 2~3천개가 자라고 있었다. 스프링클러까지 곁들여 실하게 자라고 있었다. 그는 이 다육식물을 로컬 푸드에 납품하고 있었다. 한 겨울에도 30~40도 온도가 유지된다. 이 모든 걸 혼자서 만들고 관리하는 그가 놀랍다

3 비닐하우스 옆 400여 평 밭에는 상추와 고추, 비트 등 밭작물이 자란다. 고추나 비트는 로컬 푸드에 납품한다

4 김오곤씨가 직접 제작한 자동온실개폐기 모습으로 타이머에 시간을 맞춰놓으면 비닐하우스가 자동으로 열리고 닫힌다

5 2층 천정에 편백판자를 붙이는 김오곤씨 모습. 실내에 들어가 전문가처럼 정교하게 붙여진 편백판자 모습에 놀랐다. 건축당시에 찍었던 사진을 몇 장 전송해 달라고 요청해 게재한 사진이다. © 김오곤

가장 힘든 건 풀매기, 수확하기, 병충해 방제였다. 회사원인 아내는 출근하고 자식들은 출가했기 때문에 혼자 남은 그가 모든 일을 해야만 한다.

하는 수 없어 관리기를 사서 작물을 재배했다. 그가 재배한 작물은 지인들에게 나눠주기도 하고 남들보다 저렴한 가격으로 로컬 푸드에 판다. 그가 농사짓는 재미에 대해 이야기 해줬다.

"농사가 아니면 안 된다는 강박관념으로 농사 지으면 힘들었을 거예요. 하지만 농사가 안 되어도 좋고 잘 되면 더 좋다는 심정으로 지으니 부담이 없습니다. 씨뿌린 농작물이 자라는 과정을 볼 때 희열을 느껴요. 또 수확 후 지인들이나 교인들에게 기부할 때 보람을 느낍니다."

애로사항도 있었다. 7년 전 동네로 이사 왔을 때 동네 주민들이 회의적인 눈으로 바라보며 텃세도 부렸다. 김오곤 씨보다 나이 많은 주민 한 분은 "당신 3년이 고비요"라며 의심스러운 눈으로 바라보았다.

혼자 힘으로 3년 만에 연건평 29평짜리 멋진 집 완성

그가 처음부터 집을 지을 계획은 없었다. 땅을 산 그는 인근에 컨테이너나 조립식으로 간단하게 지어 생활할 공간만 지을 예정이었다. 업자에게 컨테이너로 집을 지어달라고 요청하니 1,200만 원을 달라고 했다. 문제는 좁은 골목길로 컨테이너를 운반해 올 방법이 없었다.

그는 "나선 김에 집을 지어볼까?" 하는 생각을 하고 귀농사이트에 들어가 자료를 찾아보았다. 어느 정도 감이 잡힌 그가 건설업을 하는 형님에게 집을 짓겠다고 하니 "절대 안 된다. 혼자서는 집 못 짓는다."고 말렸다. "그래도 한번 해보자."며 형님한테 공구를 빌린 후 도전하기 시작했다.

그는 귀농사이트에서 중요한 힌트를 배웠다. 사이트에서는 '귀농하기 전 첫 번째 해야 할 일은 용접을 배우라'는 것이었다. 그는 유튜브를 보며 혼자서 용접 방법을 터득했다. 더 자세한 방법은 고물상 아저씨를 찾아가

용접을 배웠다.

집을 지으려면 여러 가지 기술이 필요하다. 용접, 전기, 전기톱, 미장, 수도에 관한 지식과 공구 다루기다. 40년 동안 공무원 생활을 했던 그에게 이 모든 건 처음 도전해보는 분야다.

그는 틈나는 대로 유튜브를 통해 배우고 건자재를 실은 커다란 트럭이 앞서가면 승용차로 뒤따라가서 작업하는 모습을 눈여겨보거나 스케치를 했다. 현장 전문가들이 기분 나빠하면 막걸리도 사주고 음료수도 사주면서 조금씩 배워나갔다.

모르는 분야에 대해 전문가에게 물어보면 잘 가르쳐 주지 않는 경향이 있다. 그럴 때면 건자재 주인한테 사용법을 배웠다. 그가 혼자서 집짓는 모습을 지켜보던 거의 모든 사람들은 이구동성으로 "저게 될까?" 하고 회의적인 눈으로 바라보았다. 다행인 것은 아내는 반대하지 않았다. 지금껏 살아오면서 아내한테 허튼소리를 해본 적이 없었기 때문이다. 퇴직할 때 그가 부인에게 한 말이다.

"3천만 원을 가지고 집을 지을 테니까 이 돈을 건들지 말아요."

집 짓는 과정은 어려움의 연속이었다. 유튜브를 보고 타일을 한 평 붙이는데 하루가 걸렸다. 하지만 공정을 터득한 후부터는 일사천리로 이뤄졌다. 전문가가 "2층으로 올라가는 목조계단은 너무 어려우니 전문가에게 맡겨라."고 말했지만 그는 혼자서 해냈다. "시행착오를 겪었지만 한 공정 한 공정이 끝날 때마다 느끼는 성취감이 너무 좋았다."는 그에게 조용한 산골이나 섬으로 들어가지 않고 마을로 들어온 이유를 물었다.

"사람은 사회적 동물이잖아요. 나이가 들어 혼자 살면 너무 외로울 것 같아서요. 또 혹시 아프면 병원이 가까운 곳에 살아야겠다는 생각이 들어서요. 집에서 여수시내까지는 20분 거리에요."

지금은 주민들로부터 환영받는 존재가 됐다. 고장 난 전기와 수도도 고

교회에서 성가대를 지휘하기도 했던 그는 요즈음 색소폰 배우는 재미에 푹 빠졌다.

쳐주고 손수레도 고쳐주기 때문이다. 그가 작업할 때는 주민들이 토마토도 주고 음료수도 가져온다. 이웃에 어려운 일이 생길 때마다 솔선해서 돕기 때문이다.

집을 완공 후 여수 시내 아파트에서만 생활하던 아내가 하룻밤 자고 나서는 이곳으로 이사왔다. 좋은 일도 생겼다. 귀농해 살자 비염이 완치됐다. 만성기관지염은 서울에 있는 대형병원에서 정기적으로 관리를 받는다.

그가 집을 짓는 데 든 총 비용은 4,800만 원이다. 총비용 속에는 공구도 포함되어 있다. 전기톱, 톱테이블, 타카 3종류, 스킬, 트리머, 전동드릴, 철근절단기, 체인블럭, 그라인더, 대패, 전동대패, 전동사포 등. 그의 비닐하우스를 들여다보면 집짓는 데 필요한 온갖 공구가 있었다. "현재의 생활에 만족한다."는 그에게 앞으로의 계획을 묻자 그가 말했다.

"지금도 다육식물과 고추, 비트 등을 팔아 용돈을 쓰고 있지만 농사에 치중해 수익을 낼 수 있는 분야를 확장하겠습니다."

놀란 입을 다물며 김오곤 씨의 집을 나오다가 곰곰이 생각해 보았다. 백세시대를 맞이해 일과 건강, 인간관계, 자기계발에 성공한 그에게 박수를 보낸다. (20. 07. 17)

사 회

오문수 기자의 저 인물들 한이 많아

철도 전라선 증편 시급하다

밤 8시 이후 기차는 12시 넘어 단 한 편

직장이나 일이 끝난 저녁시간에 전라선 열차를 이용하는 승객들은 불편을 호소하고 있다.

매주 한 번씩 저녁시간에 전라선을 이용하는 임 아무개 씨는 "대전에서 여수행 열차를 탈 때 마다 화가 난다."고 한다. 일이 밤 8시 이후에 끝나 열차를 타러 가면 다음열차는 00:45시에 운행하는 1편 밖에 없기 때문이다.

물론 오후 5시 이후에 대전에서 여수까지 가는 열차는 19:19분과 19:51분의 2편이 있다. 하지만 20:00시 이후에는 4시간을 기다려야 여수행 기차를 이용할 수 있고, 새벽 04:19분에야 여수에 도착한다.

열차 시간표를 보면 오후 5시 이후에 경부선을 운행하는 열차는 KTX까지 포함하여 최소한 30편이고, 용산과 목포를 잇는 호남선은 KTX포함 4편이지만 광주 송정리에서 KTX와 환승하여 이용하면 12편에 달한다. 한편, 용산과 장항을 운행하는 장항선은 4편이고, 청량리와 남춘천을 달리는 경춘선은 7편이 있다.

열차의 배차를 담당하는 책임자의 설명에 의하면 경부선을 이용하는 승차율이 70%(KTX)에 달하고, 호남선은 40%(KTX)이며, 전라선은

지역 주민들의 발인 열차

오후 5시 이후 열차운행횟수			시발역-종착역	열차별소요시간
	상행	하행	지역	무궁화/새마을/KTX
경부선/KTX	10/20(회)	8/23(회)	서울-부산	5:14/4:48/2:54
호남선/KTX	2/2(회)	2/2(회)	용산-목포	5:22/4:50/3:26
전라선	3(회)	3(회)	용산-여수	5:55/5:25
장항선	4(회)	4(회)	용산-장항	3:47/3:32
경춘선	7(회)	7(회)	청량리-남춘천	2:00

오후 5시 이후에 전국을 오가는 열차와 소요시간

52%(새마을호)이다. 그렇다면 전라선 지역에 사는 1백만 명 이상의 주민들은 상대적 불이익을 당하고 있다.

인구대비 열차편을 보면 다른 지역에 비해 배차량이 적고, "용산에서 22:50분에 출발하는 열차는 다음날 레저인구나 특별한 활동하는 사람들을 위해 배차했다."는 담당자의 말은 전라선 주변에 사는 주민의 편의가 무시됐다는 느낌이다.

경부선이 5시간 쯤 소요되지만 KTX를 이용하면 3시간 내에 목적지에 도달이 가능하다. 또한 5시간 전후를 달리는 호남선도 KTX를 이용하면 3시간 반이면 종착역까지 갈 수 있다.

하지만 6시간에 달하는 장시간을 여행해야 하는 여수 승객들은 오후 7

시까지 서둘러 열차를 타거나 호남선 KTX(19:25)를 타고 익산에서 기다렸다가 환승하는 수밖에 없다. 그렇지 않으면 다음날 새벽 4시가 넘어서야 여수에 도착할 수 있어 불편이 이만저만이 아니다.

승객 편의를 위해 밤 12시 이전에 목적지에 도착하는 것을 목표로 배차했다. 하지만 승객은 목적지에 도착하는 것이 중요하다. 현재의 배차 간격은 원하는 시간에 출발하는 것 자체가 곤란하게 되어 있다.

"6월 1일 배차시간 개편으로 1편이 오히려 줄었다."는 지적에 "2008년 1월 1일 배차시간 개편 시에 반영하도록 노력하겠다."는 담당자의 답변이다. 발 디딜 틈조차 없었던 열차가 왜 고속버스와 비행기에 승객을 뺐겼는지 곰곰이 생각해 보고 궁리해야 할 때이다.

철도는 국가 기간산업으로서 수익만 계산해서는 안 되고 공익을 우선해야 한다. 승차율이 낮고 수익성이 떨어진다고 해서 주민 편의가 무시되고 배차량을 줄인다면 국토균형발전에 역행하는 처사이다.

보다 나은 서비스와 편의성, 신속성, 안전성으로 비행기와 고속버스에 빼앗긴 승객들이 철도로 되돌아올 수 있도록 철도를 책임지는 담당자들의 더 많은 연구가 필요할 때이다. (07. 09. 20)

텃밭 도서관을 지켜주세요

'농부네 텃밭도서관' 지킴이의 경운기 이동도서관 대장정

<오지게 사는 촌놈>의 저자인 서재환 씨가 엄동설한에 경운기 이동도서관 전국 순회 대장정에 나섰다. 울창한 송림과 백로들의 서식지가 보존된 환경을 지키며 텃밭에 지어진 도서관을 지킬 수 있는 기금을 마련하기 위해서다.

11월 17일 진상역 앞 도서 교환전을 시작으로 18일 오후 순천 기적의 도서관 옆 공원에서, 19일은 구례, 20일은 남원을 거쳐 전주, 논산, 대전, 청주, 수원 등을 경유해 12월 1일 서울까지 장장 15일 동안의 대장정이다.

경운기 이동도서관 도서 교환전의 진행 방법은 서 씨가 운전하는 경운기와 부인인 장귀순 씨가 운전하는 행사 진행용 트럭으로 오전(8시부터 12시)에는 이동하고, 오후에는 4시까지 해당지역에서 도서 교환 행사를 한다. 도서 교환은 헌 책 2권과 최근 발간된 새 책 1권을 교환하는 형태로, 대체 공장부지 구입자금 모금과 지지 서명을 받으며 동시에 진행한다.

"50이 넘은 적지 않은 나이인데 날씨도 춥고 걱정된다."고 하자 "고생문이 열렸어요. 결코 쉽지 않은 일입니다. 이 행사의 결과는 누구도 모릅니다. 하지만 사람 같은 사람 한 사람이라도 나타나 대안을 제시해줄 때까지 경운기를 끌고 서울까지 갈 예정입니다."라고 답했다.

서 씨가 운영하는 '농부네 텃밭도서관'은 27년 전인 1981년 전남 광양시 진상면 청암리의 허름한 마을회관에서 500여권의 책으로 시작했다. 현재는 장서 1만8,000여 권을 소장하여 운영하고 있는 자생적 문화공간으로써 주중이나 주말 할 것 없이 지역뿐 아니라 전국 각지에서 많은 사람들이 찾아오는 아름다운 곳이다.

서울 같은 도회지는 체질적으로 맞지 않을 것 같은 서 씨는 순천 농림고등전문학교를 졸업했다. 고향인 시골에서 서당을 만들어 동네 아이들

1 서울까지의 대장정에 부인이 운전할 행사지원 차량

2 진상역 행사에 소식을 들은 미국, 멕시코, 콜롬비아, 독일, 캐나다 등의 다국적 지원 팀이 함께 춤추고 있다

3 서울까지 몰고 갈 경운기 이동도서관에 아이들이 앉아 책을 읽고 있다

4 경운기를 몰고 서울까지 대장정에 나선 서재환씨

에게 한문도 가르치고, 신문도 만들고, 도서관을 만들어 경운기에 책을 싣고 동네를 돌며 책을 빌려주는 이동도서관을 운영했다.

지금은 독서, 전통놀이, 전시와 공연 등을 체험하는 문화공간도 마련하여 전국 각지에서 찾아오는 손님들과 백운산과 섬진강 사계절의 변화며, 약초와 들꽃에 관한 세상사는 이야기를 나누는 촌사람이다.

작가 문순태는 "사투리는 지방 사람들이 거칠 것 없이 오랫동안 아무렇지 않게 잘 써온 말이다. 사투리에는 그 지방 사람들의 넋과 생활풍습 같은 문화가 흠뻑 녹아 있다고 생각한다. 그런데 언제부터인지 표준말 쓰는 사람은 유식하고 사투리 쓰는 사람은 촌스럽고 모자란 사람으로 취급한다."고 일갈한 바 있다.

그는 문 씨의 말처럼 진상의 사투리를 엄청나게 사랑하며 서울 사람을 부러워하지 않고 산다. "잘난 놈은 잘난 대로 살고 못난 놈은 못난 대로 사는 것."이라는 그의 글을 읽다 보면, 전라도 출신으로 동년배인 나도 새 옷 입은 것처럼 불편해지며 진도가 안 나간다. 하지만 잊어버렸던 사투리에 동심으로 돌아가 "그래 그랬지!" 하며 고개가 끄덕여진다.

"그 춥은 날씨에도 밤이면 누가 뭔 지서리를 했는지 보리밭을 다 깔아뭉개 놨다고 아직에 새미 갓에 와서, 아! 글씨! 어떤 직일 년놈들이 너른 매뿌랑도 많은디 지놈들은 밥도 안 쳐묵고 사능가 꼭 보리밭에 와 갖고 지랄헌다고 궁글고 가는가 모르겄구만! 보리 까시락이나 카악 배키 뿔면 씨언허겄는디!"

옛적 보리밭에서 일어난 연애사건으로 보리밭을 망친 한 아주머니가 마을 공동 우물가에 와서 험담하는 소리를 이렇게 적어 놨다.

일상용품이 아닌 물건을 사려면 광양이나 하동읍으로 나가야 하는데 동네에서는 하동이 가깝다. 고사리, 취나물, 머굿대 등을 가지고 하동읍에 가면 조기, 갈치, 명태, 가오리, 문절이 같은 생선과 꼬막, 우럭, 바지락 같은 해산물을 살 수 있다.

장바닥을 돌면 재 넘어 진상 사람들이나 섬진강 건너 다압 사람들을 심심찮게 만난다. 한 집 건너면 사위집이고 두 집 건너면 며느리 집이라, 시집살이나 안 하는지 걱정되는 사돈들은 서로 한잔이라도 권하며 돈을 서로 내려고 난리다.

"이리 좋은 사이를 무단허니 돌씨만 돌아오면 찢어 조질라고 발광을 허는 미친놈들이 한두 놈씩 나오는디 뭔 빙인가 통간에 그 속을 모르겄구만! 지놈들이 근다고 찢어지간디."

선거철만 되면 지역감정을 자극해 싸움을 시키는 정치인들을 욕하는 소리다.

도서관을 운영하며 틈틈이 강아지풀, 개망초, 개쑥부쟁이, 꼬들빼기, 골

1 구수한 전라도 사투리가 가득 담긴 서.씨의 책 '오지게 사는 촌놈'

2 도서관 서가로 시골 마을에 18,000권이나 소장하고 있다

3 파란 지붕이 보이는 곳이 텃밭도서관이고 오른쪽에 보이는 언덕이 소각로가 들어설 공장 부지로, 백로와 왜가리가 사는 송림이다.

4 도서관 앞에 있는 연못과 정원

담초, 광대나물, 괭이밥, 꽃무릇 등의 야생화를 연구하며, 어릴 적 꽃과 얽힌 사연들을 기록해왔던 서 씨는 촌놈에 대한 계명을 다음과 같이 적었다.

"계명1, 촌놈은 죽어도 죽겄다고 해서는 안 된다."

촌에 살려고 작정했으면 도회지 사람보다 더 잘 나려고 해서는 안 된다. 도회지 사람들 하는 거 다 따라 하려다가는 가랑이만 째지고 부황만 나서 혈압이 올라 먼저 죽게 된다. 촌놈은 어느 놈이 죽어도 눈 하나 꼼짝 않는다. 죽어도 살아야 한다.

"누가 니 놈들 보고 촌에 사라더냐."

"멍청하고 갈 디 없응께 백히 사는 놈들이 뭔 지랄이여!"

"우면히고, 뻗질르먼 뿔라지고, 깨먼 깨지고. 그것이 이 땅에서 촌놈이 하늘님으로부터 태초에 부여받은 임무다."

"계명2, 촌놈들은 절대로 배지가 부르먼 안 된다."

"촌놈들은 멋이든지 지 주뎅이에 몬춤 옇고 지 배지를 채워서는 안 된다. 잘 묵고 잘 살 수 있는 것이 농사일이라먼 볼세 딴 놈들이 끼 찾제 촌놈들헌티 모가치가 돌아갈 거여! 택도 없제!"

서씨의 도서관에 오는 아이들은 공부하다 싫으면 토끼장으로, 닭장으로, 염소 우리를 돌며 뛰어다닌다. 그것도 싫으면 우물가에서 개구리를 잡거나, 작년에는 따먹을 사람이 없어서 버리고 말았던 보리수나무 밑에서 책을 읽는다.

아이들이 웃으면 조용하던 집이 온통 아이들 웃음소리로 가득하다. 아이들이 웃으니 감나무도 염소도 닭도 웃는 것 같고 온 집이 웃음바다에 둥둥 떠 있는 것 같다. 느티나무 아래 대나무 와상에 모여 앉아 아이들이 챙겨 온 빵이랑 삶은 달걀을 나누어 먹으면서 재잘대는 소리를 들으면 감나무에도, 느티나무에도 그네에도 웃음소리가 걸려 있는 듯하다.

그러던 어느 날이었다. 아름드리 적송과 백로와 왜가리들이 쉬어가던 이곳 마을로부터 50m도 안 되는 거리에 공장이 들어선다는 청천벽력 같은 소리가 들려왔다. 주민들도 모르는 사이에 허가증까지 받아 낸 업자들은 합법을 주장하며 공사를 강행하였고, 이에 대항하는 주민들의 강력한 반발과 수십만 네티즌과 방송 매체들의 반대에 광양시에서는 민원이 해결될 때까지 공사 중지 명령을 내렸다.

그러나 수많은 사람들의 관심과 소망은 아랑곳없이 한번 허가된 사항을 번복할 수 없다며 공사 중지를 취소하라는 전라남도의 행정심판 결과를 듣고, 더 이상 어찌할 수가 없는 서 씨는 엄동설한에 경운기를 끌고 서울까지 대장정에 나섰다.

서 씨의 꿈은 아이들의 쉼터가 망가져가는 걸 원치 않고 소각로 제조공장 건립을 추진하는 사업자 측과 상생의 길을 찾으려 한다. 사업자 측에서 주장하는 공장 대체 부지 매입자금을 모금하기 위해 농부네 텃밭도서관 지키기 경운기 전국순회 대장정에 나섰다.

"농부네 텃밭도서관 지켜주세요!"

(07. 11. 21)

쓸쓸해진 쌍둥이마을 학교, 없애야 할까요

전남 여수시 소라남분교 정시온

전남 여수시 소라면 현천리 중촌마을. 여수 시내에서 5㎞ 정도밖에 떨어지지 않은 조그만 마을이지만 '기네스북 등재'라는 독특한 이력을 자랑한다. 등재 사유는 바로 '쌍둥이마을'. 1989년 기네스북에 오를 당시 중촌마을은 75가구 중 35가구에서 쌍둥이가 태어났다.

기네스북 등재와 함께 국내 방송국은 물론 일본 NHK가 취재를 해가기도 했다. 아이를 가지려는 여자들이 전국에서 몰려들었음은 당연하다. 마을 어르신들에 따르면 약 120년 전 첫 쌍둥이가 태어난 후로 계속 쌍둥이가 태어났다고 한다.

기네스북에도 오른 쌍둥이마을의 학교, 지금은…

이 기이한 쌍둥이마을의 비밀(?)을 파헤치기 위해 연구소에서 조사도 했지만 특별한 원인을 밝혀내진 못했다. 하지만 마을 사람들은 마을 앞 동쪽에 자리 잡은 쌍봉산 때문이라고 믿고 있다.

중촌마을은 북·남·서쪽이 산으로 둘러싸여 있고 트인 곳은 동쪽뿐이다. 그 동쪽에 바로 산봉우리가 두 개인 쌍봉산이 있다. 예전에는 소가 새끼를 낳아도 쌍둥이였다는 얘기까지 있었다고 하니 사람은 물론 동물까지 쌍봉산의 정기를 받는 셈이다.

하지만 한 해 한 집만 아이를 낳아도 두 명의 울음소리가 울려 퍼졌던 중촌마을에서도 이젠 아이 울음소리를 듣기 어려워졌다. 소라초등학교 소라남분교도 중촌마을의 부침과 운명을 같이하고 있다.

1943년 개교해 65년의 역사를 자랑하는 소라남초등학교는 개교 당시에는 현천리뿐만 아니라 복산·죽림·관기리의 학생들이 통학하는 제법 큰 규모의 학교였다. 1963년 근처에 관기, 신흥국민학교가 생기면서 학생 수가 줄긴 했지만 1972년에도 전교생이 505명이나 될 정도였다.

주민들이 노후된 교사를 철거하고 현대식 건물로 개축하는 등 노력했지만 결국 1999년 소라남초등학교는 폐교 위기에 처한다. 주민들의 반대 운동 끝에 결국 1999년 9월 1일 소라초등학교 소라남분교로 폐교 위기를 간신히 넘겼다. 당시 폐교 반대 운동을 주도했던 정용준 씨는 소라남'초등학교'가 소라남'분교'가 된 것에 대해 무척 속상해했다.

"'소라초등학교 소라남'분교'라는 명칭 자체가 창피하다. 원래 관기와 신흥 초등학교는 이 학교에서 분교한 학교다. 그런데 그 두 학교는 건재하고 오히려 모교가 이 지경이 됐다는 게 속상하다."

관기리는 장애인을 보호하는 동백원이 있어 취학 아동이 있고, 신흥리는 해안가를 끼고 있는 부락이 많아 돈 벌려는 젊은 사람들이 많다는 것. 반대로 옛날부터 교통이 불편한 오지에다 정 씨 집성촌이었던 현천리는 새로운 사람들이 들어오기 쉽지 않았다.

소라남분교 한 쪽에는 정용준 씨의 할아버지 고 정병권 옹이 6,000여 평에 달하는 학교 부지를 희사해 학교가 설립됐음을 기록한 공적비가 세워져 있다. 소라남분교의 화려했던 역사는 이제 쓸쓸함만을 풍기며 서있다. 정용준 씨가 심은 은행나무가 20여m까지 자라났고 집에서 옮겨 놓은 연자방아는 여전히 아름답게 서있지만 교정은 텅 비어 보인다.

3대가 소라남분교 동창생... 친구 한 명 보내줘요

소라남분교는 올해 한 명의 입학생을 받았다. 지난 3월 3일 교무실에서 나홀로 입학식을 치른 정시온양.

시온이에게는 2학년 2명, 3학년 1명, 4학년~6학년 3명의 언니오빠들이 있을 뿐 동갑내기 한 반 친구는 없다. 교사가 3명인 이 학교는 다른 학교와 마찬가지로 복식수업을 한다. 시온이는 아버지(정종필)·할아버지(정홍준)와 동창생이다. 소라남분교 3회 졸업생인 정홍준 옹은 "자유당 시대에 학교가 지어졌는데 창문에 창호지를 바른 목조건물이었다. 당시에는 같은 학년이라도 7~8살 나이 차이가 나기도 했다. 그래서 신학기가 되면 공부를 못해도 나이 많은 학생을 상급 학년으로 진급시키기도 했다."고 말했다.

시온이는 아직은 학교 가는 게 좋다. "집하고 학교가 가까워서 좋아요. 근데 친구가 한 명 더 있으면 좋겠어요. 2학년은 남자와 여자 2명인데 나

1

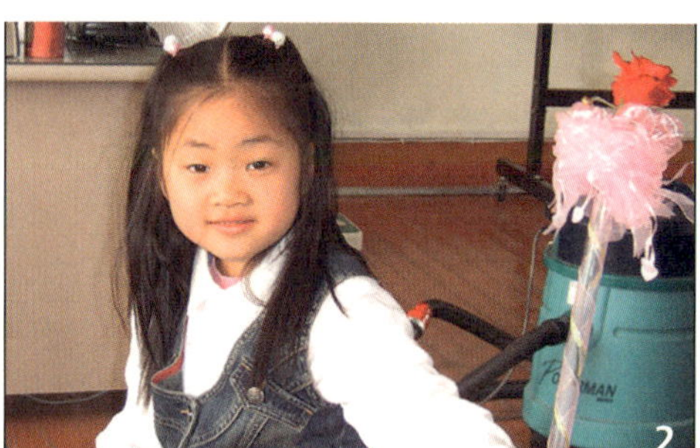

2

1 소라초등학교 소라남분교

2, 3 시온이와 아빠, 할아버지, 3대가 소라남분교 동창생

3

는 혼자라 싫어요. 한 명만 보내줘요."

시온이의 어머니 김현숙 씨는 예상보다는 긍정적인 평가를 내렸다. "시골에 내려온 것에 대해 후회는 없다. 아파트에 살다 시골 주택에 사니 불편해 하던 아이들도 정신적 육체적으로 건강해졌다. 특히 시내에서는 평범한 아이였는데 여기서는 공부도 잘하니 자신감도 생기고 특별한 느낌을 받는 것 같다. 시골에 내려오길 정말 잘했다는 생각이 든다."

여수시는 저소득층·한부모가정·조부모가정·다문화가정 아동을 위해 지역아동센터를 운영하고 있다. 현천리에도 현천지역아동센터가 있는데 유치부 3명, 초등부 24명, 중등부 8명이 학생들이 공부를 하고 있다.

현천지역아동센터 교사인 김승희 씨는 "학교가 존재하는 것이 너무 좋다. 몇 년 전 우리 큰 아이도 그 학교에 보냈는데 이 작은 곳에서도 세계를 향한 꿈을 펼칠 수 있게 해줘서 학교에 대한 전적인 신뢰가 갔다."고 말했다.

무조건 사수 vs 학력 저하… 폐교 논란의 현주소

하지만 실제 교육 현장에 있는 양미란 교사(분교장)의 고민은 좀 더 복잡해 보였다.

"아이들과 함께 자연과 더불어 살며 공부하는 게 좋아서 폐교를 반대했다. 4년째인 지금은 복식수업의 단점도 있다는 걸 느낀다. 고학년은 교육과정 면에서 너무 소규모다 보니 설명학습·협동학습·발표력·예체능 등에서 부족함이 있을 수 있다."

이 같은 아쉬움은 학교 교육뿐만이 아니다. 방과 후 아이들은 어떻게 지낼까.

"엄마들이 인근 식당에서 일하거나 조부모 가정은 학업에 신경 쓸 겨를이 없다. 그래서 학생들이 센터에 나와 부족한 부분을 보충하고 아이들과 어울려 노는 사교의 장소가 됐다. 때때로 학교 선생님들이 센터에 연락해 학생이 이런저런 부분이 부족하니 보충해 달라고 요청하기도 한다."

사정이 이래도, 아이들은 여전히 '우리 학교'가 좋다. 센터에서 나와 동네로 들어가는 길에 강아지와 놀고 있는 아이들을 만났다. 소라남분교 2학년이라는 한 아이에게 "이 학교가 폐교돼 다른 학교로 전학가면 괜찮겠니?"하니 "싫어요, 그냥 여기 다니고 싶어요."라고 한다.

한 집 건너 쌍둥이들의 웃음소리가 넘쳐나던 마을은 이제 한 명의 입학생만 바라보는 적막한 곳이 되어 버렸다. 다행인 것은 지역 주민들이 학교의 중요성을 잘 알고 있다는 점이다. 폐교 반대 운동에 열심이었던 현천중앙교회 김영천 목사의 고민도 비슷했다.

"학교를 없애기는 쉽지만 만들기는 어렵다. 대안학교도 만드는데 이 좋은 환경에서 학교가 없어진다는 건 안 된다. 현재 마을에서 약 15명 정도가 5㎞ 정도 떨어진 도원초등학교로 자가용이나 버스를 타고 다닌다. 복식수업 때문인데, 복식수업을 하면 교육 효과가 떨어진다. 학년별 수업을 하는 데 최소 12명이 필요한데, 그게 안 되니 복식수업을 하는 거다."

분교를 관장하는 소라초등학교 송규종 교장은 얼마 전 지역 학교 활성화 방안에 대한 회의에 참석했다. 회의에서는 "학교를 살려야 인구 유입이 되기 때문에 인구 유입이 될 수 있는 방안에 대해 법적 뒷받침을 할 수 있는 인센티브가 필요하다는 논의들이 오갔다."고 했다.

소라남분교는 현천리의 과거이자 미래다. 그 역사를 살리는 것은 사람들의 몫이다.

"체육대회 때 한번 가 보세요. 노인잔치 겸 마을의 축제입니다. 학교는 단순히 공부만을 위한 곳이 아니고 농어촌 지역의 정보센터이며 주민 공동체의 중심에 있습니다." (소라초등학교 류윤석 교감)

(08. 03. 11)

딸이 꽃뱀으로 몰렸을 땐 1인시위 하고 싶었죠

여수 사회복지시설장 성폭행 사건 피해자 어머니가 밝힌 눈물의 3년

2006년 5월 여수의 S아동복지시설에서 입사초년생인 사회복지사가 가해자인 원장으로부터 수차례에 걸쳐 강제로 성추행과 성폭행을 당한 사건이 발생했다. 견디다 못한 피해자는 여수성폭력상담소에 신고했고 상담소는 사건 발생 이후 현재까지 3년 동안 피해자 치유를 위한 심리상담과 의료지원, 법률지원을 진행하고 있다.

법적처벌을 원하는 피해자와 가족들의 고소로 경찰의 조사가 진행된 후 아동복지시설의 원장과 시설법인에서는 참고인인 사회복지사들에게 회유와 협박을 통해 거짓 진술을 하도록 교사했다.

가해자의 말 바꾸기와 참고인들의 거짓 진술로 광주지방검찰청 순천지청은 공소유지가 안된다며 증거불충분에 의한 혐의 없음 판결을 내렸고, 이에 불복한 피해자는 항고, 재항고를 거듭했지만, 끝내 대검찰청으로부터 항고기각 처분을 받았다.

마지막까지 사건의 실체적 진실을 밝히기 위하여 피해자는 결국 민사소송을 택했고, 사건을 접수한 광주지방법원 순천지원 제1민사부는 2008년 2월 4일 5시간에 걸친 심리를 진행했다.

이 과정에서 사건 당시 피해자와 함께 근무하고 검찰조사에서 참고인

으로 조사 받았던 사회복지사가 증인으로 출석하여 회유와 협박으로 검찰조사에서 사실을 말하지 못하고 진술을 번복했음을 시인했다. 나머지 참고인들도 탄원서를 통해 원장의 변태적 성행위와 본인들도 피해자였음을 밝혀 2008년 2월 21일 결국 피해자는 승소 판결을 얻어냈다.

하지만 가해자는 1심에 불복하고 항소와 상고를 거듭했지만 결국 패소했다. 2009년 2월 26일 오후 2시 대법원은 지난 2006년 5월 여수에서 발생했던 아동보호시설 원장에 의한 사회복지사 성폭력 사건에 대해 '가해자인 피고 원장 S씨와 그 시설법인의 상고를 기각한다'는 최종 판결을 내렸다.

정신적 트라우마에 시달린 피해자와 그 가족들

피해자는 이 사건으로 인한 충격과 검찰의 무혐의 처분으로 울분에 싸여 여러 번의 자살시도를 했고, 심한 대인기피증에 시달렸다. 가족들은 인간의 존엄성을 파괴당하고 사회 공동체에 대한 불신으로 심한 정신적 트라우마에 시달리고 있다. 심리적 치유를 위해 여수성폭력상담소를 찾은 피해자 어머니를 만나 사건에 대한 이야기를 들었다.

– 사건을 접했을 때 어떤 생각이 드셨는지

"처음 딸한테 그 소리를 듣는 순간을 어떻게 말로 다할 수가 있겠습니까 사실이 확실하니까 법이 진실을 밝혀줄 거라 생각했는데 검찰에서 증거불충분으로 무혐의 처분을 받았을 때 국회의사당 앞에 가서 시위를 하려고까지 생각했어요. 가진 것 없고 배운 게 없어서 이렇게 당하는구나 싶어 우리나라가 너무 싫어 이민가고 싶었지요. 죽으면 진실이 밝혀질까 싶어 죽으려고 했는데 쉽지 않더라고요."

– 이 사건이 보도된 후 일각에서는 대학교를 졸업한 성인인데 왜 반항이나 현장을 벗어나려는 노력을 하지 않았는가 하는 의문이 제기됐고, 가해자도 화간이라고 설명해 검찰이 무혐의 처분을 내렸는데, 처음에 왜 반항이나 현장을 탈출하려는 시도를 하지 않았습니까

"딸은 처음에 울면서 완강히 거부했습니다. 그런데 거절하면 죽을 것 같았고 원장이 무서웠다는군요. 아이는 검찰에서 조사 받는 동안 화장실에서 하혈을 5번이나 했어요. 딸은 성격이 온순해서 검찰에서 조사받는 동안 덜덜 떨었어요. 대학시절 현장 실습 나가면 노인요양시설이라 냄새나서 다들 싫어하는데 스스로 나서서 열심히 하고 왔던 아이였죠. 하루는 치매 할머니가 비벼 먹던 밥그릇에 물을 주는데 받아먹고 왔다고 하더군요. 마시지 말지 그랬냐고 했더니 할머니가 나를 생각하고 줬는데 어떻게 마시지 않을 수가 있느냐고 그러더라고요. 딸이 그런 아이입니다. 저도 너무 무심했지요. 하루는 식당에서 밤12시까지 일하고 있는데 '엄마 나 너무 힘들어' 하면서 딸이 울었어요. 저는 '원래 사회가 그렇게 힘들다. 그러니 참아라'만 했어요. 딸이 울면서 출근하는 걸 보면서 엄마가 밤늦게까지 일하는 게 미안해 우는 줄 알았어요."

– 이 사건을 그럼 어떻게 아시게 됐는지요.

"하루는 남편이 아이가 자꾸 직장을 그만두고 다른 공부하고 싶다고 하니 딸에게 무슨 일이 있는가 알아보라고 해서 불러 자초지종을 듣고 하늘이 무너지는 줄 알았어요. 남편은 사회와 검찰 결정에 대한 울분으로 차를 과속으로 몰아 죽으려고도 했어요. 딸도 자신이 죽으면 원통함이 밝혀질 거라는 생각에서 정신과 치료를 받으며 복용하던 일주일 분의 약을 한꺼번에 먹기도 했지요. 9층 옥상에 올라가 떨어져 죽으려고 해서 그 뒤부터는 혼자 두지 않았고, 밤에도 엄마 아빠가 볼 수 있도록 문을 열어 놓고 자도록 했지요. 딸만 생각하면 눈물만 나요. 대검의 결정이 난 후 인터넷에서 딸이 '꽃뱀'이라는 뉴스가 돌았죠. 제가 사람이 많이 다니는 시장 바닥에 나가서 피켓을 들고 1인 시위를 하려고 했어요. TV에 보도되는 사건들은 다른 사람 일로만 생각했어요."

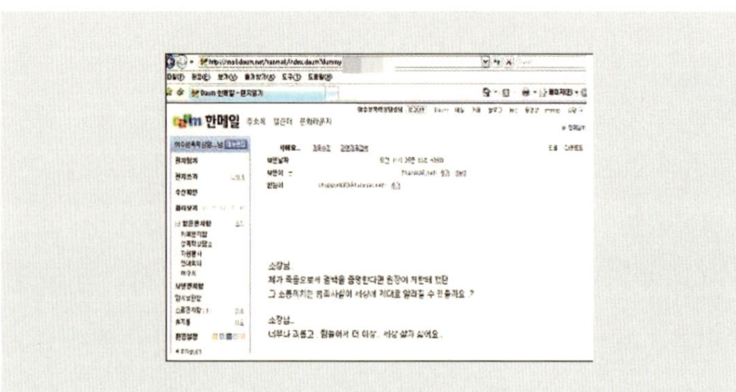

"피해자가 자살하겠다는 이메일도 보냈어요"

피해자 보호하고 상담을 계속했던 여수성폭력상담소 강정희 소장 역시 지난 3년 동안의 어려움을 털어놨다.

"성폭력피해자 대부분은 순하고 착하며 조직 내에서 성실하고 순응적인 사람으로 자기 의사표현을 적극적으로 하지 않는 사람이 대부분이죠. 피해자는 광주지방검찰청 순천지청에서 동료들이 경찰의 초동조사에서 했던 진실을 번복하고 대검찰청의 재항고 기각 이후 꽃뱀으로 몰릴 때

'세상 살기 싫다. 너무나 힘들다. 죽고 싶다. 제가 죽음으로써 결백을 증명한다면 원장의 소름끼치는 범죄사실이 세상에 제대로 알려질 수 있을까요'라는 메일까지 보냈어요. 그래서 제가 절대 죽으면 안 된다. 네가 죽으면 어느 누구도 진실을 밝힐 수 없다. 피해당사자는 너이기 때문이다며 성폭력피해를 극복하고 딛고 일어나 사회에 의미 있는 일을 하며 살아가는 사례를 얘기해 줬어요. 이후 심경의 변화를 일으키고 지속적인 심리치료와 모래놀이치료를 통해 치유활동을 계속하고 있어요."

– 법원 결정이 바뀐 계기는 무엇이었나요

"참고인이자 피해자의 친구인 ×××외 1명이 2006년 4월 중순경 성폭력피해 사실이 있다고 시인했습니다. 첫 번째 경찰 조사 이후 가해자 측의 회유와 협박에 못 이겨 거짓 진술을 하고 급기야 검찰조사를 받기 전 가해자의 집에 불려가 협박을 받고 잘 알지도 못하는 서류에 서명을 하고 검찰조사에서 거짓진술을 할 수밖에 없었어요. 무혐의처분을 받게 된 결정적 이유였죠. 항고와 재항고를 거쳤지만 대검의 기각결정이 내려졌습니다.

거짓진술을 해야 했던 참고인들도 대인기피증과 엄청난 두려움에 떨다가 결국 시달림을 견디지 못하고 사직했습니다. 진실과 멀어져 갔던 참고인들의 양심고백이 이어지면서 민사법정에 직접 출두하여 사건의 진실을 증언하고 다른 참고인들도 탄원서를 제출해 사건의 실체가 드러나게 됐습니다."

– 이번 대법원 판결이 여러 가지로 의미가 있을 것 같습니다.

"그간 검찰에서 피해자가 미성년자 또는 장애인이 아니라는 점과 피해 당시 폭행과 협박에 의한 항거불능의 상태가 아니라는 점을 들어 불기소처분을 해왔던 관행에 근본적인 문제제기를 할 수 있게 되었습니다. 그동안 성폭력에 대한 최협의적인 해석으로 인해 피해자의 고통이 배가 되었음을 감안하면 이번 민사소송 판결은 우리 사회와 법이 성적자기결정권에 대한 판단을 다시 한 번 재고해야 할 시점에 이르렀다는 점을 시사하고 있습니다.”

다음은 상담소장과 피해자가 3월 10일에 주고받은 통화내용이다.

- 그동안 가장 힘든 점은 무엇입니까

“아무런 잘못을 하지 않았는데, 꽃뱀이라고 했던 사회의 시선들과 피해자인데 숨어 지내야 했던 것, 그리고 죄를 저지른 가해자가 오히려 더 당당했던 모습에 너무 힘들었어요.”

- 상고기각 판결을 받은 후 심정은.

“마냥 좋아요. 무거운 짐을 내려놓은 기분입니다. 무엇이든 다시 시작할 수 있으며, 이제 떳떳해진 기분입니다.”

대법원 판결과 상담치료를 받은 이후 피해자는 점차 변해가고 있다.

(09. 03. 18)

우리는 모두 투발루인!

"기후변화로 인한 지구재앙 막자"고 호소하는 투발루 목사

세계 기후변화 위협에 가장 취약한 남태평양의 작은 섬나라 투발루의 루사마 목사가 여수에 왔다. 그는 '오늘 투발루가 가라앉으면 내일은 당신 차례다'라며 지구 온난화와 기후변화 위협에 대해 세계인들에게 설명하고, 투발루를 구해달라고 호소한다.

올해 45세인 그의 이름은 알라마띵가 루사마(Rev. Alamatinga Lusama)이다. 이름이 길어 불편하니 '알라'나 '루사마'로 불러달란다. 그의 한국 방문은 이번이 4번째다. 외항선 선원의 엔지니어로 근무할 당시 부산을 두 번 방문했고 이번이 4번째라 김치도 익숙하다. 여수 돌산섬을 둘러본 그는 투발루가 돌산도보다 작은데 '한국은 축복받은 나라'라며 부러워했다.

전체 인구 중 96%가 기독교이며 루시마 씨의 월급은 국가에서 나오기 때문에 한국을 방문하는 2주간 급여를 받지 못하지만 국가가 처한 위기를 호소하기 위해 한국에 왔다. 폴리네시아 특유의 까무잡잡하고 건강한 체구인 그는 생태탕 집에서 나온 배추쌈에 고등어를 얹어 먹으며 맛있다고 한다.

투발루에는 우리나라 원양어선들이 인근해역에서 조업한다. 한국 정부에서 자동차 8대, 노트북 컴퓨터, 프린터를 학교에 기증해서 큰 선물을

1 강력한 사이클론이 불어닥치자 나무에 의지해 서있는 투발루 주민들 © 루사마

2 투발루의 주요작물인 풀라카(pulaka)가 해수 침투와 가뭄으로 말라죽고 있다. © 루사마

3 루사마 목사가 여수은현교회(김정명 목사)에서 지구 온난화로 인한 기후변화의 영향에 대해 설명하고 투발루를 도와 달라고 호소하고 있다

4 투발루에서 온 루사마 목사

5 높은 산이 없는 투발루 마을 회관이 물에 잠겨 있다. 투발루인들은 사이클론이 몰아칠 때 높은 곳에 있는 공동 회관으로 피신한다고 한다. © 루사마

6 세계를 돌며 환경보호 퍼포먼스를 벌이는 최병수 화가와 루사마 목사가 여수 백야도에서 공연하고 있다. 의자에서 모든 결정이 이루어졌는데 코펜하겐에서 있을 환경정상회의에서 절망 또는 희망을 결정할지 묻는 의미다. 11시는 인류 문명의 시간을 가리킨다

받았다며 고마워했다.

여수 은현교회(김정명 목사)에서 지구 온난화의 중대한 영향에 대해 설명하고, 지구 온난화 추세를 중지시키거나 되돌리기 위해 투발루 정부가 제시한 4단계 계획에 대해 강의한 내용을 정리했다.

현재 진행되고 있는 지구 온난화 추세를 중지시키거나 되돌리지 않는다면 투발루는 지구 표면에서 사라지게 될 취약한 많은 섬나라 가운데 하나이다. 최근 몇 년 동안 투발루는 예측할 수 없는 기상현상을 많이 겪어왔으며, 지금도 겪고 있다.

투발루 기상청이 예보한 것과 전혀 다른 기상현상이 끊임없이 발생하고 있다. 맑고 화창하던 날씨가 갑자기 구름이 끼고 바람이 부는 날씨로 바뀌거나 심지어 폭우가 퍼붓는다. 사이클론 시기가 아닌데도 사이클론이 발생하여 피해를 입고 있으며, 우기에 가뭄이 발생하고, 건기에 폭우가 쏟아지기도 한다.

이처럼 기후가 분명히 바뀌었지만 문제는 이를 예측하기 어려우며, 피해가 심각하다는 것이다. 과학자들의 연구 결과에 의하면 이러한 기후변화는 대기와 바다 표면의 온도가 상승하고 있는 지구 온난화 현상 때문이다.

더 빈번해지고 강력해진 열대성 사이클론

요사이 투발루에는 더욱 강력한 바람을 동반한 열대성 사이클론이 아주 흔해졌다. 바람의 세기도 시속 100km를 넘기도 한다. 투발루 환초 상의 섬들은 평평하며(해발 4m 이하), 좁기(어떤 곳의 폭은 10m 이내) 때문에 열대성 사이클론과 강력한 바람은 투발루 주민들에게 커다란 위협을 초래한다. 과학자들은 2020년까지 열대성 사이클론의 강도가 5-10% 더 강력해질 것이라고 예측하고 있다.

해안 침식

투발루의 모든 섬에서 해안이 침식되고 있다. 만조시기와 1년에 두 차례 있는 최고 만조시기인 킹타이드(king tide) 때에는 해수면 높이가 3미터나 상승하기 때문에 섬에서 바닷물에 잠기지 않는 땅은 채 1미터 높이도 되지 않는다.

이런 상황에서 거센 바람이 불면 높은 파도가 일어 해안선의 토양을 휩쓸어 간다. 사이클론도 해안선을 침식하는 높은 파도를 유발한다. 이렇게 해안이 침식되면 섬의 크기가 줄어들고 해안선에서 자라던 나무가 쓰러지는 피해가 발생한다.

산호초 백화현상

투발루의 모든 해안지역 뿐만 아니라 깊은 바다에서도 산호가 하얗게 변하는 백화현상이 일어나며 산호가 죽어가고 있다. 해수 온도 상승과 다양한 오염물질이 이 문제를 일으키고 있다.

섬들을 둘러싸고 있는 산호초는 폭풍 해일로부터 섬을 보호하는 1차 방어선 역할을 하고 있기 때문에 이것은 매우 위험한 현상이다. 또한 산호초는 섬 주변의 바다 환경을 아름답게 만들 뿐만 아니라 많은 물고기와 해양생물에게 서식처를 제공한다.

킹타이드

투발루 사람들은 바다를 사랑한다. 바다에서 먹을 것을 구하고, 수영을 즐기며, 건기에 물이 부족해지면 바다에 들어가 몸을 씻기도 한다. 하지만 해변을 휩쓸어 버리는 킹타이드와 높은 파도는 투발루의 작은 섬과 사람들에게 점점 더 큰 위협이 되고 있다.

킹타이드가 자주 발생하지 않는 것은 다행이지만, 과학자들에 의하면 바닷물 온도와 해수면이 상승하여 앞으로 30년 후에는 투발루의 일부 지역이 더 이상 사람이 살 수 없는 곳으로 변할 것이라고 한다.

가뭄과 해수 침투

물 없이는 아무도 살 수 없다. 투발루에는 산이나 강이 없으며, 민물을 구할 수 있는 유일한 원천은 하늘에서 내리는 비다. 최근 몇 년 동안 있었던 투발루의 급격한 기후 변화로 폭풍만 더 잦아진 것이 아니라 건기도 길어져 가뭄 피해가 발생하고 있다.

과거에는 물이 부족하면 사람들이 땅을 파서 지하수를 충분히 이용할 수 있었지만, 요즘에는 지하수가 오염되었을 뿐만 아니라 바닷물이 광범위하게 침투하고 있다. 이 때문에 가뭄은 투발루의 동식물과 특히 사람들에게 더 큰 위협을 초래하고 있다. 게다가 바닷물이 지하로 침투하면 투발루의 주요 작물인 풀라카(pulaka)와 코코넛 나무를 서서히 죽게 만든다.

최근 들어 뉴질랜드와 하와이, 호주, 마샬군도 등지로 이주하는 투발루 사람들 숫자가 늘고 있다. 그런데 이들은 더 나은 일자리를 찾아가는 사람들이다. 이주 신청서에 기후변화의 영향 등을 이주 사유로 적어낸 투발루 사람은 한 사람도 없었다. 그가 투발루를 떠날 수 없는 이유를 말했다. "투발루는 조상들이 물려준 유산이며 하느님이 우리에게 주신 땅입니다. 투발루를 구하는 것은 우리의 책임입니다. 투발루 사람들은 우리 민족과 문화, 전통, 믿음을 계속 유지하고 지킬 방안을 찾을 것입니다. 이 세상에 하느님이 만드신 투발루 외에 다른 투발루가 존재할 수는 없습니다."

투발루 정부에서는 국제사회가 기후변화를 줄일 방안에 좀더 적극적으로 나서고 투발루를 구하기 위한 다음과 같은 4단계 계획을 제시했다.

▲교토의정서의 역할을 재확인하고, 코펜하겐에서 열리는 기후변화협

약 당사국총회가 공정하고 일관성 있는 회의가 되게 한다 ▲교토의정서를 개정하여 신흥산업국가와 시장경제로 체제를 전환한 국가들이 온실가스 배출 저감 목표를 설정하도록 해야 한다 ▲기후변화협약 하에 새로운 법적인 장치를 개발하여 개발도상국과 특히 선진국이 배출 감축 의무를 이행한다. ▲기후변화의 영향에 적응하기 위해 포괄적인 지구적 체제를 만들어야 한다.

기후변화는 더 이상 먼 미래의 걱정거리가 아니라, 지금 이 순간 모든 투발루 사람들의 생사를 가르는 문제다. 투발루 같은 나라를 구하기 너무 늦기 전에 세계의 모든 국가는 온실가스 배출을 줄이기 위해 노력해야 한다.

(09. 09. 22)

30여 만 도시에 골프장 8개, 운영이 될까

“환경 오염, 여수박람회 취지 어긋나” VS “지역경제 활성화에 기여”

여수가 제2도심골프장 건설 문제로 뜨겁다. 3년 전 한 민간사업자가 주도한 여수시티파크 도심 골프장은 제1도심 골프장이랄 수 있다. 당시 건설 반대시위를 주도했던 여수환경연합 간부가 고발되기도 했다. 건립 조건으로 100억 원 규모의 청소년수련시설을 건립해 시에 기부체납하기로 했으나 제대로 이뤄지지 않아 실효성 논란에 빠졌다.

최근 여수시 의회가 실시한 행정사무 감사에서도 생활하수 무단방류와 절개지 부분이 설계도면대로 되지 않아 산림훼손 지적을 받았다. 이 골프장은 아직 정식개장은 못하고 현재 시범 라운딩을 하고 있는 중이다. 이런 와중에 제2도심 골프장을 추진해 시끄럽다. 논란에 휩싸인 골프장 건설에 대해 연대회의 및 진옥 스님의 반대사유와 여수도시공사 관계자의 설명을 들었다.

여수환경운동연합과 여수시민협 등 지역내 7개 시민단체는 지난 1일 여수도시공사가 여수시 덕충동, 만흥동, 오림동 일원에 추진하고 있는 18홀 규모(129만4,705㎡) 골프장 건설을 즉각 취소할 것을 촉구했다.

여수도시공사는 지난 5월 (주)SS모터스로부터 1,373억 원의 민자를 유치하여 사업 추진을 본격화했고, 사전 환경성 검토에 이은 주민설명회를 가졌다. 이 자리에 참석했던 연대회의 관계자들은 골프장 건설반대 방침을 분명히 하는 성명을 발표했다.

연대회의는 "여수시는 골프시인가." 라는 성명에서 "기후보호 국제시범도시에 골프장을 무분별하게 추진하는 것은 시민을 우롱하고 주민자치권을 훼손하는 행정이다. 여수시는 더 이상 도시공사에 대한 시민혈세 투입을 중단하고, 시민에게 고통을 주는 도시공사를 당장 폐지해야 한다." 고 말했다.

연대회의가 무분별한 골프장 건설을 반대하는 주장하는 주요 내용은 다음과 같다.

▲사업 대상지 주변의 두 개 해상국립공원과 박람회장 및 사적 제381호인 '충민사'의 환경오염 가능성 ▲주민들의 환경오염 피해 ▲여수시도시공사의 주인은 시민임에도 시민의 동의 없는 골프장 공사는 부당하다. ▲기후보호 국제시범도시 조성에 맞지 않다.

여수시는 현재 골프장 3개를 승인했다. 화양면 2개 골프장 중 1개(18홀)와 도심(18홀) 골프장은 현재 공사가 진행 중이다. 또한 경도(27홀), 돌산 계동(27홀), 석천사 마래산 일대(18홀), 묘도 준설투기장(18홀)에 골프장 6개가 추가로 계획돼 있다.

연대회의는 "30만 소도시에 골프장만 난립하고 있다."고 지적했다.

과연 도시공사가 주체가 되어 골프장을 건설하는 게 타당한지, 골프장 건설이 기후보호라는 여수박람회 기본취지와 어울리는지, 골프장 건설이 지역경제 활성화에 기여하는지 대해 검토해보고 이미 홍역을 치른 일본 골프장업계가 한국에 충고하는 내용을 들어봤다.

도시공사의 역할

도시(개발)공사란 도시 재개발과 도로 및 하천, 전기, 상·하수도 같은 도시 기반시설 건설의 수익사업에 참여하기 위해 지방자치단체가 재원을 마련해 설립하는 공기업을 말한다. 여수시도시공사는 설립자본금 50억원으로 작년 10월에 설립됐다.

지자체들이 도시공사를 설립하려는 대표적인 이유는 '개발이익 보존'과 '개발이익 재투자'다. 지역 내 각종 공사를 LH(한국토지주택공사) 또는 민간 기업이 담당하면 개발이익이 밖으로 빠져나가게 되고 이익을 지역에 재투자하는 것도 어렵다는 설명이다.

문제는 도시공사는 시민 세금으로 운영된다는 사실이다. 적자 운영 시에는 시민 세금으로 메울 수밖에 없다고 시민단체는 지적한다.

환경보호라는 여수박람회 주제와의 관계는

사업 대상지 주변에는 다도해 해상국립공원과 한려해상국립공원 및 박람회장이 있다. 또한 사적 제381호인 충민사가 있다. 사액서원으로 1호에 속하는 충민사는 충무공 이순신 장군을 모시는 곳이다. 환경과 기후보호 및 성역이라는 점에서 문제 소지가 있다.

여수시는 기후보호 국제시범도시 조성을 주제로 여수산단저탄소산업단지 조성, 여수세계박람회장 내 CO2 무배출 건물 건립, 해양 수산 분야의 적응모델 개발 등을 추진 중이다.

골프장, 과연 지역 경제의 효자인가

민주당 신학용 의원 의뢰로 국회예산정책처가 정리한 자료(<골프장 건설로 인한 지자체 재정 확보 및 지역 경제 발전 효과>)에 따르면 2007년 기준 국내 총 골프장 수는 277개다.

국내 지자체가 250여개 가량 된다는 점에 비춰보면 여수에 8개나 되는 골프장 숫자가 적다고 보긴 어렵다. 충남 지역 대도시인 천안시(54만7,662명)가 겨우 3개 골프장(63홀)을 운영 중인 것에 비춰봐도 그렇다. 현재 29만4천명인 여수시에서 계획 중인 골프장이 완공되면 모두 8개 골프장 171홀에 이른다.

천안이 수도권과 가깝고 교통이 편리한데 반해, 여수는 서울에서 꽤 멀리 떨어져 있다는 점을 감안하면 골프 수요에 대해선 의문부호가 생긴다.

업계에서는 8개 골프장 가운데 하나인 골프리조트 완공 개장 시 기대효과로 인구유입 및 유휴 노동력의 고용(약 300명) 효과가 있을 것으로 기대한다. 하지만 이 중 대부분은 일용직 등 비정규직에 머물 것으로 보인다.

지충남·최길수 씨가 여주군 골프장 고용 현황을 분석한 결과에 따르면, 18홀 골프장 평균 고용인원은 146명이며, 이 중 정규직은 51명에 불과하다. 나머지는 캐디와 일용인부로 각각 72명, 23명이었다.(2006년 자료)

우석훈 씨가 연구한 자료에서도 18홀 규모 평균 고용 인원은 150명이며 이 중 지역 주민 고용 창출은 30-50명 정도에 불과했다.(2004년 자료)

무엇보다 <골프장 건설로 인한 지자체 재정 확보 및 지역 경제 발전 효과>(국회예산정책처)에 따르면 이미 골프장 수요는 내리막길로 접어들었다.

"골프장 건설이 늘어나면서 2003년부터 이미 골프장 1개당 연간 내장객수가 이미 감소하고 있으며, 이러한 경향은 앞으로 골프장 건설이 증가하면 더욱 심화될 것으로 예상됨."

또한 우석훈 씨와(2005년) 지충남·최길수 씨가(2006년) 분석한 자료에 따르면 골프장 1개당 지방세 납부는 18홀 기준으로 연 5억원 정도이지만 종합토지세를 빼면 실제 세수는 2-3억 원 정도에 불과하다. 종합토지세는 골프장이 아니더라도 부가되기 때문이다.

일본업계의 충고 "골프장으로 돈 벌 생각 버려라."

이미 대대적으로 골프장을 짓다 붕괴한 일본 사례를 찾아볼 필요가 있다. 지난해 골프장 기획기사를 쓴 경남도민일보는 '일본 골프업계의 살아있는 화석'이라고 불리는 미사와(三澤) 회장을 인터뷰한 바 있다. 미사와 회장은 골프장 업계에서만 33년을 일해온 사람이다.

인터뷰 기사에 따르면 일본 골프 산업은 1952년 나카무라 선수가 캐나다컵 골프대회에서 우승한 것을 계기로 시작돼 1988~89년 거품 경제가 찾아왔을 때 망했다. 거품 경제 시기에 1인당 100만 엔씩 500~1,000명 회원을 모집해 골프장을 짓고도 충분히 경영이 될 것으로 모두들 판단했다.

"일본에서 부도가 난 700개 골프장은 대부분 대도시에서 먼 곳에 있었습니다. 수도권 주변은 땅값이 비싸다 보니 먼 곳에도 장사가 잘 될 것으로 보고 마구 지었기 때문입니다. 적어도 대도시에서 자동차로 1시간 30분 이상 걸리는 곳은 망한다고 봐야 합니다."

여러 연구결과에 따를 때 여수 지역 골프장 앞날을 장밋빛으로 보긴 힘들다. 이에 대해 도시공사에서는 어떻게 판단하고 있을까. 골프장 건설을 주관하는 여수시도시공사 이경태 엑스포지원팀장을 만나 이야기를 들었다.

- 천안은 인구(2008)가 54만 명인데도 골프장이 3개에 불과하다. 인구 30만인 도시에 골프장이 8개나 된다는 것이 말이 되느냐

"여수는 전국 어디보다도 골프장 조성하기에 적지이다. 민간업자들이 손해 보면서까지 투자하겠나. 현재 추진 중인 골프장 건설은 부족한 박람회장 주변 관광 숙박 인프라 창출로 박람회의 성공적 개최 및 관광레저 산업 진흥을 통한 지역경제 활성화에 있다."

- 시민의 세금으로 운영하는 도시공사가 공익목적도 아닌 소수 골퍼들만을 위해 그렇게 많은 돈을 투자해도 되는가? 만약 적자가 나면 책임질 텐가?

"사업지인 충덕중 뒤에는 39세대가 살고 있다. 주민설명회 때 일부를 제외한 대부분이 찬성했다. 그리고 민자 유치한 1,373억 원은 여수시 부채가 아니다."

- 기후보호도시에 역행한다는 환경단체의 지적은

"환경단체가 우려하는 문제를 수용하도록 노력하겠다. 골프장 입지의 경사도가 과도하다는 환경부 관계자의 지적을 수용하여 8부에서 5부 능선으로 조정하고 있다." (09. 12. 10)

태백 탄광촌에 드리운 '카지노' 그림자

희망제작소 호프메이커스 회원들과 함께한 탄광촌 방문

희망제작소 호프메이커스 회원 40여 명과 함께 60~70년대까지 안방을 훈훈하게 만들고 공장을 돌리는 산업의 동력원이었던 탄광촌을 찾았다.

오전 8시 반 서울 종합운동장 앞에 모인 일행은 사북번영회 석탄유물보존위원회 전시관으로 출발했다. 전 한국일보 주필이었던 김수종 씨는 70년대 기자 시절의 얘기를 들려줬다. "젊었을 적 사북탄광하면 데모와 탄광사고, 진폐증 취재로 왔던 기억이 납니다." 박원순 변호사도 이 지역에 대한 각별한 추억이 있다.

"1979년 제가 22세쯤인데 법원사무관시험에 패스하여 등기소장으로 근무하며 영감님 소리를 들었던 곳입니다. 근무하면서 사법고시를 준비했던 곳이기도 하죠. 태백은 탄광이 쇠퇴한 곳에 카지노를 설치한 곳입니다. 카지노는 정신을 황폐화하는 곳입니다. 지금은 독점을 줘서 유지되지만 독점권이 언젠가는 사라집니다. 지역에서는 그때를 대비해 지속가능한 발전이 이뤄지도록 준비해야 합니다."

오늘의 가이드는 태백 선린교회 원기준 목사다. 그는 총신대학 3학년 때부터 광산지역에서 봉사활동을 하며 태백에서 여름성경학교를 했던 게 인연이 돼 목회자로 나섰다. 그는 막장에 들어가 보고 광부들과 아픔을 같이하며 주민들 편에 섰다. 노동자 상담과 복지활동을 하다 보안대에 끌려가기도 했다.

그는 자신이 1987년에 설립한 태백지역 인권선교위원회에서 산재상담, 해고자 문제, 탄광 내 노동문제를 다루며 노동운동을 하다가, 1989년에 국가보안법 위반으로 1년 반을 감옥에서 살기도 했다. 노동운동과 인권운동으로 감옥에 있는 동안 폐광의 당면과제인 지역살리기 운동으로 방향 전환을 하기로 했다.

"사느냐 죽느냐의 기로에 선 주민들은 핵 폐기장을 유치하자는 얘기까지 나왔습니다. 오죽했으면 그랬겠습니까? 주민들은 폐광지역을 살려달라고 일주일 동안 데모했습니다. 당국과 주민들이 합의한 날이 1995년 3월 3일입니다. 거기서 3·3기념탑이 나왔죠. 합의안에는 카지노가 들어가 있습니다."

정부는 폐광지역을 대규모 고원관광지로 개발하기 위해 1995년 '폐광지역개발지원에관한특별법'을 제정했다. 그 법에 따라 2000년부터 카지노가 운영되기 시작했지만 도박으로 인한 부작용은 예상대로였다. 주민들이 가산을 탕진하고 음독 자살자가 나오기 시작하면서 '한국도박중독예방치유센터'를 운영했다.

최초 강원랜드란 명칭을 사용했지만 부작용이 많이 보도되면서 '하이원리조트'로 개명했다. 하이원리조트는 주민의 애증이 교차하는 곳이다. 지역에서는 주민청원으로 주민들의 출입금지법을 제정했고, 지역민들에게 일자리를 주도록 요청해 직원의 70%가 지역민이다.

연간 3백만 명이 찾고 매출액이 연간 1조원, 순이익이 4천 억에 달한다는 태백시에서는 연간 150억의 세수를 올리고 있다. 원 목사는 "전 세계 카지노 중에서 매출액이 이렇게 많은 곳은 우리나라 밖에 없다."는 설명이다.

금요일 초저녁 황금시간대인 카지노장. 사람들로 가득한 도박장 안 벽

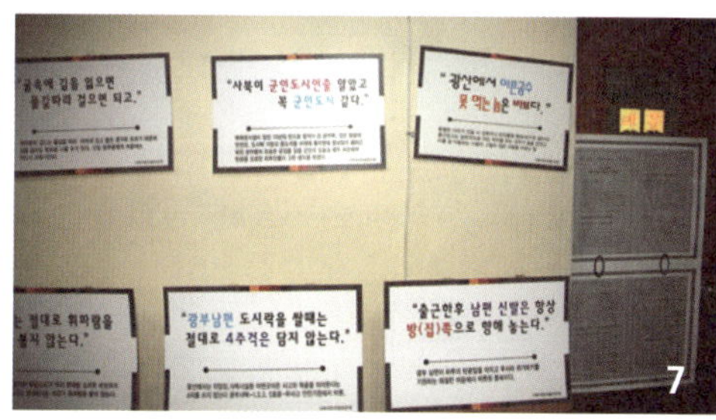

1 (구)동원탄좌사북광업소 사북번영회 석탄유물보존위원회 건물 앞에선 일행들. 뒤에 보이는 기계가 수직갱을 내려가는 수갱타워로 높이가 47m이다

2 원기준 목사가 광부가를 불러보며 설명하고 있다

3 하이원리조트 야경. 주변은 휘황찬란한 빛의 향연이다. 그러나 빛의 뒤안길에는 …

4 각종 구호가 적힌 표지판들

5 탈의실로 영화세트장으로 많이 사용됐다

6 태백석탄박물관의 전시물들. 보이기 위해 박제된 전시물보다 칙칙하지만 생생한 유물들에서 더욱 감동받는다

7 광부들에 대한 금기사항 유행어로 '출근한 후 남편 신발은 항상 방쪽으로 놓는다' '광부남편 도시락 쌀 때는 절대로 4주걱은 담지 않는다' '집에 3천만 원짜리 흑돼지를 키운다' 등의 광부들의 죽음과 관련된 유행어

8 이글루 속에서 커피 한 잔. 의자와 탁자도 얼음이다

9 희망제작소 일본지사에서 온 깃카와 준코씨

에는 사람 키보다 더 큰 거울이 세 장 붙어있다. 원 목사가 이름붙인 '거울을 보라'는 곳이다. 도박에 미치면서 초췌한 몰골로 폐인이 돼가는 스스로의 모습을 보라는 의미로 붙여 놨다. "카지노를 만들기 위해 애쓴 저를 '카지노 목사'라고 부르기도 해요. 먹고 살자고 아우성쳐서 만든 카지노인데 좋지 않은 뉴스가 나오면 마음이 아프죠. 주민들이 간과한 것은 손님들이 오면 지역에 돈을 뿌릴 줄 알았는데 카지노에 들어가기만 하면 안 나오는 거예요. 눈앞에 돈이 왔다 갔다 하는데 나오겠습니까?

그래서 박원순 변호사님의 제안으로 지속가능한 개발을 하자는데 의견일치를 봤습니다. 스키장과 골프장을 만들었는데 스키장에 오신 손님들은 밤이면 지역경기에 커다란 도움이 되고 있습니다."

설명이 끝나갈 무렵 드디어 석탄유물보존위원회 전시관에 도착했다. 해발고도 700m에 위치하고 있어 신경이 예민한 사람은 귀가 먹먹하다지만 별로 고도감을 느끼지 못한다. 우리를 처음으로 맞이한 것은 기괴한 모습의 높이 47m 수갱타워와 광부복을 입고 활짝 웃는 광부그림이다.

동원탄좌 사북광업소는 1963년 12월 1일 설립됐다. 전성기였던 80년대에는 무려 23개의 광구를 가진 국내 굴지의 탄광회사로, 정선군 사회, 경제의 중심축을 이뤘다. 90년대 초 폐광정책에 따라 점차 쇠락을 거듭하다가 2004년 10월 마침내 문을 닫았다.

탄가루로 뒤덮인 시커먼 전시관 건물로 들어서니 그야말로 검은색 천지다. 오죽했으면 아이들이 시냇물을 검은색으로 그렸을까. 수십 명이 한꺼번에 샤워할 수 있는 샤워장, 백여 개도 넘을 것 같은 탈의실, 연탄 만들기 체험장, 각종 공구, 산소호흡기, 당시에 사용됐던 TV와 등사기 등을 보며 70년대로 시간 여행을 떠났다. 유물보존회에서는 유물 1,500여종 1만 4천점을 수집 관리하고 있다.

그 중 특히 눈길을 끈 것은 사북사태 당시 투쟁도구로 사용했던 각종 휘장과 피켓과 광부가가 가슴을 뭉클하게 한다. 다음은 광부들이 투쟁하면서 불렀던 광부가의 한 대목이다. 원목사는 2절을 지금도 제대로 부를 수가 없단다. 2절을 부를 땐 거의 모든 광부들이 울어버렸기 때문에 그 가사만 보면 가슴이 미어진다고 한다. 가수 양희은 씨의 노랫말을 개사한 곡이다.

1. 나 태어나 이 광산에 광부가 되어 탄 캐고 동발지기 어언 수십 년 무엇을 하였느냐 무엇을 바라느냐 나죽어 이 광산에 묻히면 그만인데
2. 아들아 내 딸들아 서러워마라 너희들은 자랑스러운 광부의 아들이다. 좋은 옷 입고프냐 맛난 것 먹고프냐 아서라 말어라 광부아들 너희로다.

전시관을 둘러본 일행은 태백에서 제일 맛있는 식당 중 하나인 낙원식당에서 점심을 먹었다. 금방 잡은 한우 갈비살에 토종 된장국을 곁들여 맛이 기가 막히다. 식당주인 전춘화 씨의 '무한리필, 3도화상'이라는 캐치프레이즈에 웃음이 절로 난다. 무한리필은 고기를 원하는 대로 주겠다는 뜻이고 3도화상은 살짝만 익혀먹으라는 뜻이다.

이번 여행에는 미국과 홍콩 제주도 등지에서 온 참가자뿐만 아니라 희망제작소 일본지부에서 온 깃카와 준코씨도 동행했다. 한국에 연수차 왔다가 참가했다는 그녀는 "일본에는 3만 5천개의 NPO가 활약하고 있으며 주로 지역사회와 고령화문제를 다루는 복지단체가 많다."고 했다.

돌아오는 버스 안에서 각자의 소감을 들었다. 전직 주일대사인 최상용 씨는 "모럴헤저드가 우려됩니다. 탄광과 카지노는 우리 경제성장의 방향성을 보는 것 같습니다. 상류층이라고 생각하는 제가 손자손녀의 사교육비를 감당하지 못합니다. 저는 양극화를 가장 걱정합니다. 꼭 빛과 그림자를 보는 것 같습니다."라고 말했다.

한국전통문화연협회장 리기태 씨는 “탈의실 캐비닛을 열어보고 그들의 삶과 애환, 희망을 봤습니다. 하지만 보상금을 가지고 카지노에 가서 다 잃었다니 이게 무슨 조화입니까? 머리가 혼란스럽습니다.”라고 말했다.

새벽 0시가 다 된 한강변의 쌍으로 된 가로등은 차가운 강 안개에 서려 꼭 올빼미 눈 같은 느낌이다. 올빼미는 지혜의 상징이다. 쇠락해가는 지역과 오죽했으면 카지노를 끌어들였겠느냐는 물음에 대한 지혜는 어디 있을까? 택시 기사 아저씨가 밤늦게 어딜 다녀오느냐는 물음에 태백엘 갔다 오는 길이라고 했더니 웃으며 말했다.

“25만 원을 받고 세 번쯤 도박꾼들을 태우고 태백에 갔다 왔는데 정신 없는 사람들 많아요.”

“아저씨, VIP룸은 기본이 5백만 원부터 시작한다고 해요.”

“그래요 저 같은 사람은 한 달 내내 일해도 5백만 원을 못벌어요.”

(10. 02. 01)

달라진 게 하나도 없어요!

여순사건 62주기 추모행사 열려

여순사건 62주기를 맞은 지난 19일 여수 일원에서는 각종 추모행사가 열렸다. 이날 행사는 지난 7일 진실화해위원회의 조사결과 여수 일대에서 국군과 경찰에 의해 학살된 민간인 희생사건으로 국가가 인정했다는 데 의미가 있다. 추모행사에는 위령제, 상여노제, 추모식, 추모문화제가 있었다.

지난 10월 7일 진실화해위원회는 1948년 10월 말부터 1949년 8월까지 여수일대에서 국군과 경찰에 의해 124명이 불법적으로 집단 학살됐고, 이 중 91.9%가 10대에서 30대 청년 남성으로, 여수 도심권 사건이 59%에 달했다고 밝혔다.

발표된 진실화해위원회의 조사는 1948년 11월 1일 전라남도 보건후생국 통계자료와 여수지역사회연구소의 피해실태조사보고서 등을 참고로 했다. 이것은 여수지역 피해자 최소 추정인원인 1,300여 명의 1/10수준에 불과하며, 이는 직권조사가 결정되었음에도 신청인 중심의 형식적 조사에 의한 결과이다.

또한, 조사종료 직후(2010년 7월 6일) 신청유족에게 우편으로 전달된 한 장의 각하 결정서에는 14연대 군인사건(신청인 49명 전원 각하결정), 고문 등의 후유 부상자(신청인 10명 전원 각하결정), 125명 집단 학살된 후 암매장된 만성리 형제묘 사건(신청인 17명 전원 각하 결정)은 진실화해위원회의 조사대상이 아님을 조사가 끝난 후 통보해 해당 유족들이 이의신청서를 제출했지만 현재까지도 묵묵부답이다.

진실화해위원회의 '여수지역 여순사건' 진실규명 조사결과와 국가에 대

1 만성리 형제묘 희생자를 추모하는 위령제

2 여순사건을 총체적으로 규명할 수 있도록 올해를 기점으로 다시 처음부터 시작하여야 한다

3 여순사건 여수유족회장 김천우 씨

4 시민과 유족들이 모여 추모식 및 문화제를 열었다

5 위령제, 상여노제, 추모식, 추모문화제가 있었다

한 권고사항이 여수시에 전달된 후 유족들은 허탈감과 분통함을 감추지 못하고 있다.

한편 지역출신의 정치권도 이 같은 여론을 국정에 반영할 준비를 하고 있다. 여수 출신의 김충조 국회의원은 특별법을 준비 중이다.

오후 5시부터 7시까지 이순신광장에는 500여명의 시민과 유족들이 모여 추모식 및 문화제를 열었다. 여순사건 당시 초등학교 3학년이어서 당시를 생생하게 기억하고 있다는 김충석 여수시장의 추도사다.

"62년 전 당시 대부분의 사람들은 좌익이 뭔지 우익이 뭔지, 사상이 뭔지도 모르는 사람들이 넋이 되어서 사라졌습니다. 정확한 진상규명을 통해 억울하게 돌아가신 분들을 위로하고 명예회복을 시켜야 합니다. 그 후 화해와 용서를 통해 새로운 미래로 나가기 위해 이 자리를 마련했습니다."

여순사건 여수유족회장 김천우 씨와 나눈 이야기

– 진실화해위원회의 발표 결과에 대해 유족들은 어떤 반응을 보입니까

"124명이 무죄 판결 받았지만 우리 유족은 달라진 게 아무것도 없어요. 유족들은 특별법을 제정할 때까지 싸울 겁니다. 아니! 꼭 해야 됩니다. 우리 유족들은 울분에 차 있습니다. 지금까지 이 정부가 노력한다고 하면서 우리 여수를 여순사건이라고 부릅니까? 여수에 주둔했던 14연대 군인들이 한 짓이지 여수시민은 없어요. 동조한 시민 몇 명이 한 것을 여수시민이 다한 것처럼 했습니다. 사과와 명예회복을 하고 배·보상 관계가 이루어져야 할 것입니다.

– 사건 당시 가족 중 누가 억울하게 돌아가셨습니까

"큰 형님이 돌아가셨습니다. 대학교 졸업 후 여수 신항에서 직장 근무 중 사건이 발생했고 형님은 태권도 유도 등의 운동만 했고 아무런 관련이 없으니 숨지도 않았어요. 만약 죄를 지었으면 살기 위해서 도망가지 않았겠어요. 잡아다가 가담자를 찾아내라는데 알아야 찾죠.

골병들 정도로 맞아 움직이지 못하고 있었는데 신월동으로 끌고가 잡혀온 30명과 함께 총살 후 장작에 올려놓고 불태웠어요. 저는 당시 어렸지만 아버지 손을 잡고 따라가 형이 불타는 걸 봤습니다. 그 후 아버지는 술만 잡수시다가 화병이 나서 돌아가시고 어머니도 그 충격으로 쓰러져 병환으로 누워 계시다가 돌아가셨어요. 그 이후 우리 집은 거지가 되어버려 학교도 못 다녔어요."

여수지역사회연구소는 비상식적인 일이 너무나 많은 현실이기에 현재 상황을 일시 감내하고 여수지역 여순사건이 국가폭력에 의한 민간인 희생사건임을 정부가 인정했다는 데 우선 의미를 두고 있다. 연구소 관계자는 "지역별, 유형별로 조각내어 버린 여순사건을 총체적으로 규명할 수 있도록 올해를 기점으로 다시 처음부터 시작한다."고 62주기 행사의 의미를 전했다.

여수지역사회연구소는 여순사건 현장을 중심으로 역사기행(21일)을 한다. 한편, 당시 피해가 극심했던 전남 동부지역(순천 20일, 구례 23일)에서도 희생자를 추모하는 위령제가 열린다. (10. 10. 21)

감이 곶감 되는 데 걸리는 시간은

지역경제 효자상품 상주감, 건조에 60일

전래 동화에 의하면 호랑이가 제일 무서워하는 것은 곶감이다. 전국 곶감의 60%가 경북 상주에서 생산된다고 하니 전래 동화를 아는 호랑이는 상주에 얼씬도 못할 것이다. 상주를 돌아보면 곶감을 만드는 현대식 곶감 건조장이 널려있다.

감 생산으로 유명한 지역을 들자면 상주, 산청, 함양, 광양이다. 곶감 1접이 100개이며 1,000접을 보유하고 있으면 한 동이라고 부르는데 상주에만 200동을 보유하고 있으니 상주가 감을 얼마나 많이 생산하는 지 알 수 있다.

감을 따 곶감으로 완성시키는 데 걸리는 시간은 60일, 반건시는 40일 정도 걸린다. 그 과정에서 사람 손이 20번 정도 가야하기 때문에 상주지역에서만 연인원 52만 명의 노동력이 필요하다. 따라서 상주지역의 노인들은 놀고 있는 사람이 없다. '상주곶감명가' 박경화 대표의 설명이다.

"상주곶감의 연간 매출이 2천 억(7천 톤)이고 재배부터 택배까지 모든 게 상주에서 이뤄지니 웬만한 대기업 들어온 것보다 낫죠. 더구나 환경오염이나 공해도 없는 친환경산업 아닙니까? 저희 '상주곶감명가'만해도 한창 바쁠 때는 상주는 물론이고 인근의 김천, 문경, 구미까지 가서 사람을 모시고 옵니다. 저만해도 1년 인건비가 1억이 넘어요."

상주가 곶감으로 유명하게 된 연유는 뭘까. 상주는 예부터 곶감의 본향으로 알려져 있다. 상주에는 750년이 된 국내 최고령의 감나무가 있다. 뿐만 아니라 상주시내에 가보면 감이 주렁주렁 달린 가로수가 이색적이다.

1 박경화 씨가 운영하는 '상주곶감명가'의 곶감 건조장

2 장식 소품으로 사용해도 될 정도로 예쁘게 만든 포장용 박스

3 상주 시내 가로수는 감나무다. 주렁주렁 매달린 가로수가 이채롭다

4 곶감 속에 호두를 넣어 기능성 식품으로 만들어 백화점에 납품한다

5 홍삼뿌린상주곶감. 백화점에서 비싸게 팔린다

6 박경화 씨와 김영분 씨가 노무현 대통령의 설날 선물로 '홍삼뿌린곶감' 기념표장을 들어보이고 있다

곶감의 색을 좌우하는 것은 습도. 곶감 건조에 최적의 날씨는 낮에 따뜻하고 밤에 추워야 한다는 것. 상주 지역은 해발 50~300m로 낮에는 빛이 좋고 밤에는 춥다. 황해를 건너온 서북풍은 보은의 속리산을 넘어오면서 습도를 빼앗겨 건조한 바람이 되어 곶감명가를 탄생시키는 데 일조했다.

<동의보감>에서 감은 '술독과 열독을 풀어주고 장과 위를 튼튼하게 해 얼굴의 주근깨를 없애며, 피부를 투명하게 하고 중풍예방에 좋다'고 한다. 또 <본초강목>에서는 '심장과 폐장을 윤택하게 하여 갈증을 그치게 하고 폐병과 심열증을 치료한다'고 했다.

뿐만 아니라 아토피에도 효과가 있어 그 성분들을 검증 중인데 이미 동물실험을 마치고 국내 임상실험에 돌입했다고 한다. 그리고 여성들이 가장 선호하는 다이어트에 도움이 되는 과일도 감이다.

지역특색을 살린 차별화 고급화 전략

전자공학을 전공한 박대표는 학업을 마치고 전자제품 대리점을 차릴까 생각하고 부모님께 말씀드렸다. 부모님이 가난 속에서도 자식들을 위해 평생을 바친 전답을 다 팔아 주겠다는 말에 대리점 차릴 계획을 접고 부모님의 가업을 이어받기로 했다.

큰 아이가 중학교 갈 때까지 단칸방에 살며 오이농사를 하던 중 김영삼 대통령 시절에 복합영농의 바람이 불어 돼지를 키우기 시작했다. 돼지 6천 두를 키우며 나오는 축분을 이용해 농사를 짓다 상주만의 경쟁력에 눈을 돌렸다. "성주는 참외! 상주는 곶감! 지역특산품에서 경쟁력을 찾자!"는 게 박대표의 지론이다."

"청결과 고급화를 통해 곶감을 고부가가치 상품으로 만들자."고 생각한 박대표는 건조장을 최신시설로 자동화시키고 풍향과 햇빛, 온도와 습도 조절, 박스 디자인, 포장, 카탈로그 제작 등을 통해 명품 만들기에 나섰다. 디자이너를 데리고 일본과 전국 각지를 돌며 벤치마킹에 나선 것도 그의 노력 중 하나다. 그의 혼이 들어간 곶감 포장상자는 집안의 작은 소품으로 두어도 될 정도로 멋지다.

그가 생산한 반건시 곶감은 겉은 곶감이고 안은 젤리상태로 생감대비 60%정도 건조된 곶감이다. 살짝 속살을 벌려 빨간 젤리를 빨아먹으면 입 안에 감도는 감칠맛에 녹아날 정도. 곶감은 도착즉시 내용물만 영하 10도 이상의 냉동실에 보관하면 장기보관이 가능하다

노무현 대통령 재임 시절 설날 선물로 주문받은 홍삼뿌린 선물세트는 한 세트에 20만 원을 받았다. 씨를 빼고 호두를 넣어 만든 곶감 선물세트는 한 상자에 8만 5천 원에 팔고 있다. 박대표와 대담 내용이다.

– 죽어가는 농업, 떠나는 농업에 대한 대안은 있습니까

"농사도 차별화하면 블루오션입니다. 농업인의 80%는 남이 하니까 나도 따라 한다는 생각에 젖어 있습니다. 남이 안보는 분야에 눈을 돌리고 맛, 품질, 기능성을 추가해 특화시켜야 성공합니다.

대한민국 공산품은 세계 최고수준에 도달했는데 농업은 구태를 답습하고 있어요. 공업만 발전하고 농업이 후진하면 대한민국은 기형적인 국가가 되죠. 안 된다 안 된다 하는 부정적인 생각을 버려야 합니다. 사람이 하는 일인데 안 될 일이 어디 있습니까? 농업인도 성공하려면 세밀하고 디테일하며 소신과 장인정신을 갖춰야 합니다."

상주는 1억 원 이상의 농가소득을 올리는 가구가 5,000명이나 되어 귀농하는 젊은 세대들이 늘어나고 있다. 상주시청 담당자의 말에 의하면 2009년 귀농인구가 18가구인데 올 상반기에만 102가구가 귀농했다고 하니 가히 폭발적이라고 할 수 있다.

지역의 특성을 살리고 특화하여 돌아오는 농촌의 토대를 만든 곶감사업은 타지역에서도 본보기로 삼을만하다. (10. 11. 23)

‘하늘이 만들었다’는 경천대에 서니 한숨이...

낙동강 경천대의 한숨

낙동강변에 위치한 경천대는 태백산 황지에서 발원한 낙동강 1,300여 리 물길중 경관이 가장 아름답다. “낙동강 제1경”의 칭송을 받아 온 곳으로 하늘이 만들었다 하여 일명 자천대(自天臺)로 불린다.

일행과 함께 경천 전망대를 찾았다. 전망대는 경천대 관광 최고봉인 무지산(159m) 정상에 설치되어 있다. 지상 3층의 전망대에 올라가면 경북 상주시 사벌면과 중동면 사이를 가로질러 S자로 한가롭게 흐르는 낙동강이 보인다.

눈부시게 하얀 건너편 백사장! 어릴 적 섬진강가 백사장에서 친구들과 하루 종일 뛰놀다 등에 화상을 입어 몇 번이나 껍질이 벗겨졌던 백사장 모습과 같다. 조그마한 고무공을 가지고 양편으로 나눠 축구시합을 하면 발이 푹푹 빠져 잘 달리지 못한다. 달려가다 넘어져도 서로 깔깔거리며 즐겁기만 했던 모래사장 모습 그대로다.

물속이 훤히 들여다보여 금방이라도 조개와 다슬기를 잡을 것 같은 낙동강. 흙탕물로 범벅이 되어 강 중간에는 부유물과 오물을 제거하기 위해 오탁방지막이 띄워져 있다. 절벽 그림자가 드리워지는 강을 배경으로 지어진 드라마 ‘상도’ 촬영장은 그림 같은 모습이다.

그러나 거울처럼 맑은 물이 흘러야할 강물은 상류의 4대강 공사 현장에서 내려오는 흙탕물과 거품으로 얼룩져 있다. 이곳은 하늘이 만들어줬다는 경천대(擎天臺)다. 그런데 하늘이 놀라 '경천(驚天)'하지 않을까! 옛말에 '하늘의 뜻을 따른다'는 것을 순천(順天)이라고 했고 '하늘의 뜻을 거스르는 것'을 역천(逆天)이라했거늘! 옆에서 구경하던 한 관광객의 한탄이다.

"자연에도 기가 있고 기가 막히면 병이 납니다. 천년만년 흘러온 강을 저렇게 파헤치니 언젠가 벌 받을 겁니다."

건너편 중동면 반달모양의 들판 아래로 흐르는 강바닥과 절벽뒤쪽으로는 수십 대의 포클레인과 덤프트럭들이 부지런히 오가고 있다. 공사현

1 낙동강변에 위치한 경천대는 태백산 황지에서 발원한 낙동강 1,300여 리 물길중 경관이 가장 아름답다

2 "낙동강 제1경"의 칭송을 받아 온 곳으로 하늘이 만들었다 하여 일명 자천대(自天臺)로 불린다

3 반달모양의 들판 아래로 흐르는 강바닥과 절벽뒤쪽으로는 포클레인과 덤프트럭들이 부지런히 오가고 있다

4 벽 그림자가 드리워지는 강을 배경으로 지어진 드라마 '상도' 촬영장

장을 욕하며 지켜보는 사람들의 가슴이야 찢어지건 말건 상관할 바 아닌 듯이. 강변 곳곳에는 쌓아놓은 모래들이 산더미 같다.

정부에서는 하천에 토사가 많이 퇴적되어서 홍수를 제대로 흘려보내지 못하므로 범람이 우려된다고 주장하며 준설공사를 하고 있다. 그러나 강변에 쌓인 사구는 불필요한 퇴적물이 아니고 물을 정화하는 여과지이다.

<대한하천학회지>에 의하면 안동댐에서 낙동강 하구둑까지는 323㎞이다. 낙동강에서 준설하려는 4.4억 톤은 323㎞× 6m(깊이)× 227m(폭)이다. 수심 6m는 아파트 2층 높이이며 사람이 접근하기에 위험한 깊이다.

현재는 여름철에 마을 사람들이 강가에 놀러가서 고기도 잡고 멱도 감는 즐거운 휴식 공간이지만 이처럼 엄청난 양의 모래와 자갈을 퍼낸다면 강가 백사장은 모두 추억 속으로 사라질 것이다. 대신 낙동강 저수지에는 모터보트, 요트, 수상스키 등의 부자들의 위락시설이 들어설 것이다.

정부에서 4대강 사업을 고집하는 이유 중 하나는 하상에 퇴적되어 있는 오염물질 때문에 하천수질이 악화되기 때문이라는 논리를 내세운다. 하지만 모래와 자갈은 물을 맑게 해준다. 물이 모래와 자갈층을 흐르며 정수기 역할을 한다.

게다가 물고기들이 알을 낳을 수 있는 장소를 제공하는 역할도 한다. 생태계의 보물단지나 다름없다. 사람들이 평소에도 함부로 모래를 퍼 담는 것을 꺼리는 것도 그런 이유다.

2004년에 나온 경기개발연구원의 연구에 의하면 준설에 의한 팔당호 수질개선 효과는 미미하며 오히려 오염원 차단이 더 중요하다는 결론을 낸 바 있다. 준설은 준설과정에서 생기는 수질오염, 재퇴적 가능성, 준설토 처리의 어려움, 과도한 비용 등 여러 가지 부정적인 영향이 너무 커서 효율성이 없다는 것이 학계의 공통적 의견이다.

정부는 4대강 사업에 22조 원을 투자할 때 34만 개의 일자리를 창출

할 수 있다고 했다. 통계청 발표에 따르면 2003년과 2008년 사이 건설업에 1조 원이 추가로 증가할 때 건설업 일자리는 2,149개~3,848개 증가하는 데 그쳤다. 경천대 인근에서 벌어지는 공사현장에 서서 일하는 인부는 거의 보이지 않고 덤프와 포클레인만 오간다.

강은 원래 구부러지며 흐른다. 유속도 빨라졌다 느려지기를 거듭하며 우리와 호흡하는 생명체다. 오천 년 세월과 함께 한 아름다운 우리 강은 생명이 충만한 강이었다. 개발논리로 낙동강 주변에 산더미처럼 쌓아놓은 모래 높이만큼 한숨도 높아만 간다. (10. 11. 27)

여수시, 도심공원 없애고 주차장 신설 논란

세계박람회장과 10.8km 떨어져 효과 의문

여수시가 시청사 뒤에 위치한 용기공원을 없애고 주차장을 만들 예정이라 논란이다.

여수시청 바로 뒤에 있는 용기공원은 높이 10여m에 면적 5만8,148㎡(1만7,590평)로 20~30년생 소나무가 주를 이루는 조그만 언덕이다. 시청사에서 10여m 밖에 떨어져 있지 않아 여름 무더위를 식혀 주는 역할과 녹지대를 형성해 푸르름에 둘러싸인 시청의 이미지에 도움이 되고 있다.

또 도심과 바다 그리고 선소 유적지를 연결하는 좋은 위치에 있어 도심 녹지공원과 시민들의 휴식처로 훌륭한 입지 조건을 갖췄다. 용기공원 뒤편 소나무들은 무더운 여름날 시립테니스장(9면)에서 운동하는 테니스 마니아들에게는 더할 나위 없는 휴식공간이 되고 있다.

여수시가 용기공원 부지에 임시주차장을 건립하려는 이유는 2012 여수세계 박람회 개최 시내·외국방문객과 민원인 및 인근지역 상가의 주차난을 해소하기 위함이다. 또한 1일 2,000여 대의 주차장을 이용하는 6,000여 명의 관광객의 부가가치 창출로 지역경제를 활성화하겠다는 목표도 있다. 시는 이를 위해 소요사업비 48억 원에 주차가능대수는 2,300대를 계획하고 있다.

그러나 현 시청사 전면과 후면, 문예회관 지상과 지하, 민원실 주변으로 524대를 주차할 수 있다. 그밖에도 청사 주변 상가나 골목길 주변에 주차하는 차량도 상당수 된다. 현재 진행되고 있는 선소 복원 사업이 완료되면 바로 그 앞에 대형 주차장이 생긴다. 용기공원과 선소 주차장은 직선거리로 300여m 밖에 떨어져 있지 않다.

자동차 아닌 사람과 자전거 대중교통 중심이어야

환경파괴라는 반대 목소리에도 불구하고, 용기공원 주차장이 현실화되면 1청사와 연결된 주변지역은 1청사 건물과 테니스코트를 제외하고(담당자의 의견에 의하면 장차 테니스장도 철거할 계획), 기존 1청사 면과 지하주차

1 둥근 원으로 그려진 부분이 용기공원. 이 산을 없애고 주차장을 만들 계획이다. 시청 주변에 3천대가 주차했다고 가정하면 3천대는 여수시 차량의 1/30이다. 바로 인근 선소 입구에는 새로운 주차장을 건설 중이다

2 여수시 청사 건물 내에서 촬영한 용기공원에 소나무가 보인다

3 시청과 테니스장 사이에 있는 용기공원에 소나무가 보인다. 더운 여름 날씨의 지열을 식혀주기에 더 없이 좋은 휴식처다.

장, 교통종합관리센터가 있는 문예회관 주차장, 용기공원 주차장 등 무려 10만㎡에 가까운 어마어마한 주차장 면적을 가진 청사가 된다.

2009년(1.1~12.31) 여수시에 등록한 자동차 대수는 9만8,396대(승용-7만 1,203대, 승합-6,584대, 화물-1만9,898대, 특수-711대)이다. 시청사 주변에 설치된 기존의 주차장과 용기공원을 합치면 약 3,000대가 주차하는 거대한 주차장이 된다. 즉 여수시내 차량의 1/30이 시청사 주변에 주차하게 된다.

자가용 중심의 도로정책보다는 주요 도로에 위치한 노면주차장의 폐지와 극심한 불법주정차와 2중주차를 단속해야 한다. 또한, 시민 공용자전거와 일반 자전거 이용활성화를 위한 도로 건널목과 도로 도색 등 자전거 주행을 유도하는 도로정책, 버스우선통행을 실현하기 위한 저탄소 중심의 도심교통체계를 구축하는 모습이 절실하다.

여수시민사회단체연합회는 16일 용기공원 주차장 조성 목적이 박람회 개최 이후 통합청사를 조성하려는 별도의 의도를 갖고 있는 것은 아닌지 우려하고 있다. 시민사회단체연대회의의 주장이다.

"정부는 자치단체의 재정여건, 에너지 효율화 등을 이유로 호화청사 신축에 반대하고 있는 추세이다. 따라서 여수시 통합청사 건립은 막대한 재원확보의 어려움과 주민갈등 야기 등 많은 부작용이 예상되므로 전면 철회해야 마땅하다.

통합청사 신축에 대한 정치적 의혹이 있고, 시민합의가 전제되지 않는 시청사의 대규모 주차장건설계획 예산보다는, 박람회장 인근의 주차장 확보, 10만 명의 학부모와 식재료를 생산하는 지역의 농어민들을 위한 학교 무상급식확대에 전향적으로 고민하는 것이 타당하다고 본다."

시가 계획하는 기대효과 중 하나는 여수세계박람회를 찾는 관광객들의 박람회 주변 주차장 부족에 따른 교통 분산대책이라고 한다. 그러나 시청에서 박람회장까지는 10.8㎞가 떨어져 있고 택시비용도 9,200원이

나 예상된다. 시청에다 주차를 하고 박람회장까지 갈 사람이 있을까

여수는 동양최대의 석유화학 산단을 끼고 있어 녹지를 충분히 확보해야 대기질 오염을 막을 수 있다. 그런데도 골프장을 만들고, 공장부지를 늘린다고 하면서 녹지를 훼손하고 있다. 서울을 비롯한 대도시뿐만 아니라 조그만 도시들까지도 도심 녹지 공간을 늘리기 위해 많은 노력을 하고 있다. 쾌적한 도시를 만들기 위해서 도심 공원을 늘리고 있는 마당에 세태에 역행하는 용기공원 주차장 신설은 재고되어야 한다.

(10. 12. 17)

첫 월급 50만 원 받아서 아버지 팬티 사 드렸어요

여수 다문화 복지원의 결혼이주여성 다문화 공방에 가다

2010년 10월 1일 현재 한국에 살고 있는 다문화가족이 180만 명이 넘었다. 이 추세라면 10년 후인 2020년에는 한국 인구의 10%가 외국인이 될 것이라는 예상이 나왔다. 이들을 따뜻이 배려해 물리·화학적으로 동화되도록 하는 노력이 필요하다. 이들에게 직업교육을 시켜 경제적으로 자립하도록 도와주는 기관이 있다.

여수다문화복지원(여수시 관문동 870-1)에서는 결혼이주여성 일자리 창출을 위한 다문화 공방사업을 하고 있다. 여수시에 살고 있는 결혼이주여성들의 경제적 자립기반을 조성하고 2012세계박람회를 대비한 전통염색공예 상품을 개발하기 위함이다.

결혼이주여성들의 대부분은 한국사회 적응력이 미흡하고 언어 소통과 취업 조건이 맞지 않아 취업에 어려움을 겪고 있다. 여수다문화복지원에서는 이들에게 천연염색생활소품, 재봉틀 익히기, 규장공예품을 제작해 전시 및 판매할 계획이다.

다문화복지원에서는 또한 10명으로 구성된 자원봉사자 모임을 구성해 학교와 지역축제에 참여해 공방에서 제작한 상품을 기증할 예정이다.

결혼이주여성의 사회활동을 가로막는 불가피한 장애물 중 하나는 임신

·출산이다. 결혼한 지 6개월이나 1년이 지나면 임신이나 출산으로 경제활동에 어려움을 겪는다. 복지원에서는 이들 자녀들을 위해 수유방을 마련하고 탁아방을 운영할 계획이다.

복지원에서는 행안부가 공모한 자립형 지역 공동체 사업에 공모해 7천7백만 원(도비 7천만 원, 자부담 7백만 원)의 예산을 지원받아 직업(기능) 교실을 운영하고 공예품 전시 판매장을 준비 중이다.

사회복지시설 여수다문화복지원이란

언어가 다르고 피부색이 다르고 국적이 다르다는 '다름'을 배척하는 사회는 발전할 수 없다. 여수다문화복지원은 국제사회에 걸맞게 다양한 인종과 문화가 조화롭게 살아가는 성숙한 사회로 가기 위해서 다문화가족들에게 늘 따뜻한 사랑과 격려를 아끼지 않고 있다.

전국 최초로 설립한 여수다문화복지원에서는 다문화가정 증가로 인한 사회부적응 문제가 심화되면서 결혼이주여성에 대한 한국문화 이해, 정서교육, 교육 지원을 통해 자존감 및 사회적응을 향상시키도록 하고 있다. 또한 가정의 안정을 도와 행복한 삶을 누리도록 돕고 있다.

여수다문화복지원은 여수국가산단에 소재한 중소기업인 제원산업 심장섭 회장이 8억 원을 들여세웠다(2009. 11월). 연 3억의 운영비를 지원하는 심장섭 이사장에게 복지원을 짓게 된 동기와 앞으로의 계획에 대해 들었다.

"다문화가정의 아이들은 엄마가 한국말을 잘못해서 아이들이 다섯 살이 돼도 말이 어눌해요. 그래서 이들을 위한 공간을 마련했습니다. 점심시간에 가면 매일 6~70명이 식사를 하며 할아버지 이사장님이라고 부르는 소리를 들으면 잘했다는 생각이 들어요. 장래계획이라면 다문화가족 여성들이 한글과 문화를 배울 동안 어린아이들이 탁아방에서 장난감을 가지고 놀며 한글 배우는 사업을 시작해야 할 걸로 생각합니다."

여수다문화복지원 직업(기능)교실에 가보니...

일 년 중 가장 춥다는 소한을 하루 앞둔 5일 복지원 건물 5층에 자리 잡은 다섯 평쯤 된 재봉틀 익히기 교실은 한국인 지도 강사 2명과 6명의 필리핀 출신 이주여성들로 꽉 차 있어 움직이기도 비좁을 정도였다. 한국 날씨가 너무 춥다는 그들은 난방이 된 방에서도 히터를 틀어놓고 창문을 10cm 정도만 열어놓고 작업에 열중이다.

들들들 소리를 내며 시끄럽게 돌아가는 재봉틀 앞에는 "만남" 이란 가사가 적힌 종이가 코팅되어 벽에 걸려있다. 노래를 따라 부르며 한국말을 배우기 위해서다.

작년 12월 1일부터 시작해 한 달 만에 완성한 팬티를 벽에 걸어둔 이주민 여성들은 희망에 부풀어 있었다. 월급이라야 50만 원 밖에 안 되지만 뻔한 가정 경제에 자신도 한 몫 할 수 있다는 자신감 때문이다.

필리핀에서 시집온 지 3개월 됐다는 채릴은 며칠 전 눈 내리는 모습을 처음 본 순간 "꺅"소리를 지르며 눈을 손으로 만져봤다. 그녀에게 눈을 처음 본 느낌과 재봉틀로 옷 만들어본 소감을 들었다.

"눈을 처음 봤을 때 너무 좋았어요. 필리핀에는 눈이 없어요. 남편이 세탁소를 운영하는 데 재봉틀로 박음질하는 걸 배우니 좋아하죠. 지난해 12월 31일에 첫 월급 50만 원을 타서 시아버지 팬티를 사 줬더니 고맙다며 그냥 많이 웃었어요. 선생님이 첫 월급은 부모 속옷을 선물한다고 해서 샀어요."

시집온 지 10년째이고 아이가 둘인 루비씨는 처음에는 옷감에 똑바로 바느질하는 훈련만 하다가 한 달 만에 팬티 한 장을 만들고는 "오예"라며 환호했단다. 첫 작품인 회색 팬티를 하얀 실로 박음질해 모양이 우습게

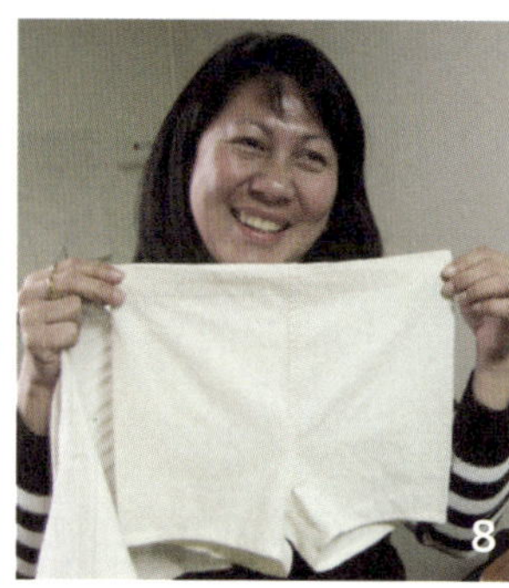

1 필리핀에서 한국에 시집온 지 3개월 됐다는 채릴. 며칠 전 눈을 보고 "꺅!"소리를 지르며 환호했다

2 손바느질하는 직업교실 식구들

3 직업 교실에서 바느질 강의와 실습을 지도하는 강사들. 왼쪽부터 이영란, 박현숙 씨

4 여수다문화복지원을 자비로 세운 심장섭 이사장

5 직업 교실에서 만드는 작품들

6 다문화가정 이주여성들이 만든 작품들. 이들에게 자립기반이 될 수 있다

7 재봉틀로 열심히 박음질하는 제니퍼. 친정 엄마는 발로 힘들게 돌리며 재봉틀을 사용한다며 돈 많이 벌어 비행기를 사 친정에 자주 가고 싶다고 한다

8 교육을 시작한 지 한 달 만에 자신이 만든 팬티를 들고 환하게 웃는 루비 씨

됐다며 눈물을 글썽인 조혜린씨는 "잘못했으니 벌 받을게요."하고 말했다. 조혜린씨의 얘기다.

"집에 가면 스트레스 많이 받는데 여기 오면 스트레스가 확 풀려요. 채릴은 사촌으로 한국에 시집오라고 제가 권해서 시집왔어요. 한국에 가족이 없는데 친척과 고향 출신들과 함께 어울리니까 더 좋아요."

한국에 온 지 2년 3개월 된 로스안은 월급을 받으면서 4대 보험에 가입할 수 있게 됐다. 그녀의 남편은 목수라 부정기적으로 일하기 때문에 의료보험 카드가 없었다. 남편의 얘기다. "나는 아내를 잘 만나서 의료보험카드를 받게 됐어요." 하며 좋아했다.

재봉틀 초보자들을 가르치는 강사는 박현숙 씨다. 중국어 통역 자원봉사를 하며 외국인 이민자가정 주부들에게 한글 봉사를 하다 바느질 전문요원이 됐다는 그녀에게 이들을 가르치게 된 동기와 보람을 들었다.

"원래 바느질을 좋아해 전문요원이 됐어요. 한글을 가르치며 한글이 얼마나 중요한가를 알았어요. 가끔 가정불화로 고통 받고 있는 이민여성들의 하소연을 들어주며 같이 울면서 내 자신을 돌아보는 계기가 됐어요. 이들이 독립해서 금전적으로 풍부해지면 친정에도 가고 그랬으면 좋겠어요."

다문화복지원을 책임지는 최문정 원장에게 다문화 공방사업을 하게 된 이유를 들었다.

"식당에서 서빙만 하면 언제까지나 그대로지만 이렇게 기술을 가르쳐주면 물고기 잡는 법을 가르쳐주는 것이잖아요. 앞으로 사회적기업으로 발전시켜 다문화 여성들이 지원을 받지 않고서도 자립할 수 있도록 육성할 계획입니다." "여기 오면 왜 그렇게 시간이 잘 가는지 모르겠다."며 좋아하는 그녀들, 희망에 찬 그들의 환한 모습이 돌아오는 내내 지워지지 않는다. (11. 01. 07)

우리네 인생은 안수정등도와 같다

희망제작소 호프메이커스 클럽 회원들의 아침 공양

25일 아침 7시. 희망제작소 호프메이커스 클럽 회원들이 봉은사에 모여 아침 공양 모임을 가졌다. 이 자리에는 주지인 진화 스님과 박원순 변호사 등 40여 명의 회원들이 참석했다.

간단한 수인사에 이어 식당에서 발우공양을 마친 회원들이 법당에 모였다. 클럽을 대표하는 박원순 변호사의 인사말이다.

"이른 아침에 일어나기도 힘들 텐데 이렇게 많이 참석해주셔서 감사합니다. 요즘 세파에 지친 사람들이 마음의 안식을 찾기 위해 명상 수련하는 명상 바람이 불고 있습니다. 저도 위파사나 명상을 경험해본 적이 있는데 아주 유익했습니다."

"절에 오면 말을 많이 하지 않고 쉬게 하라는 지인의 말에 따라 말을 안 하고 싶지만 오늘은 특별한 말씀을 부탁했으니 한마디 하겠다."는 진화 스님은 참석자 모두에게 법당 뒷벽에 그려진 안수정등도(岸樹井藤圖)를 설명해줬다. 안수정등도는 큰절이면 어디서나 볼 수 있는 불화이다. 안수정등도는 불설비유경에 나오는 인생에 대한 비유이다.

나그네 한 사람이 큰 벌판을 걷다가 미쳐 날뛰는 코끼리 한 마리를 만났다. 그는 놀라 달아나다 다행히 우물을 발견하였다. 마침 우물 안으로 뻗어 내려간 등나무 넝쿨을 붙잡고 간신히 위기를 모면할 수 있었다. 그러나 우물아래에는 무서운 용이 노려보고 있었고 주위에는 네 마리의 독사가 사방에서 혓바닥을 날름거리고 있었다.

위에는 미친 코끼리, 발밑에는 용, 사방에는 독사로 오도 가도 못하게 된 나그네는 등나무 넝쿨에 몸을 의지하고 있었다. 그 때 어디선가 흰 쥐와 검은 쥐가 나타나 등나무 줄기를 갉아먹기 시작했다.

바로 그때였다. 어디에선지 꿀물이 나그네의 입술에 떨어졌다. 그 달콤한 꿀맛에 자신에게 닥친 두려움과 괴로움을 잊고 꿀물이 떨어지는 쪽을 바라보니 머리 위 큰 나뭇가지에는 몇 마리의 꿀벌들이 집을 짓느라 앉았다 날았다 하는데 그 때마다 꿀이 떨어져 입에 들어갔다. 나그네가 꿀의 단맛에 취해 있는 동안 들불이 사방을 휩쓸고 있었다.

이 그림은 사람의 삶을 비유적으로 보여준 그림이다. 즉 나그네는 인생 그 자체를, 벌판은 무명장야를, 코끼리는 무상(無常), 우물은 나고 죽는 일(生死), 한 줄기의 넝쿨은 우리의 생명을 각각 뜻한다. 그리고 검은 쥐와 흰쥐는 낮과 밤을, 네 마리의 독사는 육신을 이루는 4대 지수화풍(地水火風)을 가리키며, 꿀물은 오욕(五慾), 벌은 삿된 생각을, 들불은 늙고 병듦, 용은 죽음을 각각 상징한다.

주지인 진화스님의 그림 해설이다.

"저 그림은 우리네 인생을 잘 비유한 그림입니다. 꿀물의 달콤함에 취해 자신이 처한 상황을 망각한 나그네를 통해 그릇된 관념에서 벗어나 삶의 참모습을 깨닫고 정행하도록 하기 위해 그려진 그림입니다."

강의를 들은 일행은 경내를 구경하며 판전으로 갔다. 판전은 대장경의 내용을 목판에 글자로 조각하여 종이에 인쇄하도록 된 인쇄용 목재 경전판이다. 일명 장경전·법보전이라 부른다. 법보(경전)는 불교의 3보 중 하나

1 희망제작소 호프메이커스 클럽회원들이 봉은사 대웅전 앞에서 한 컷

2 호프메이커스 회원들에게 인사말하는 박원순 변호사

3 추사 김정희가 죽기 3일전에 썼다는 '판전'의 현판 모습. 봉은사에서 가장 오래된 건물이다

4 봉은사 주지인 진화 스님

5 안수정등도의 모습. 우리네 인생을 비유한 그림이다

6 새벽 6시경 봉은사 대웅전 모습

로 불교의 진리를 모아 놓은 곳이다. 비로자나불을 모시고 있으며 1855년 남호 영기율사와 추사 김정희 선생이 뜻을 모아 판각한 화엄경 소초 81권을 안치하기 위해 지은 전각이다.

후에 다시 유마경·한산시·초발심자경문·석가여래유적도 등을 더 판각하여 현재 3,438점의 판본을 보관하고 있다. 판전은 봉은사에 있는 건물 중 가장 오래된 건물이며 특히 판전 편액은 추사 김정희 선생의 마지막 글씨로 유명하다.

이 현판의 크기는 세로 77㎝, 가로 181㎝이다. 김정희는 1852년(철종 3) 북청의 유배지에서 풀려난 뒤 과천에 있는 '과지초당'에 머물렀다. 그곳에서 봉은사를 왕래하다가 1856년 10월 10일에 별세했다. 이 현판은 그가 별세하기 사흘 전에 썼다고 전한다.

삼성동. 우리나라에서 가장 바쁘게 사는 사람들이 사는 곳이다. '바쁘다'라는 핑계로 일상생활 속에 묻혀 자신을 되돌아보기 힘든 현대인들. 회원들이 바쁜 일상을 벗어나 자기 존재와 주변을 돌아보는 자기성찰의 시간을 가졌다. (11. 02. 28)

아버지는 왜 외국인 여자와 결혼했을까

[서평] 한국 다문화 가정 이야기 <가장 검은 눈동자>

지난해(2010년 6월 30일) 우리나라에 거주하는 외국인이 120만 명을 돌파하고, 결혼이민자는 13만 6,556명에 달했다. 그러나 지난 50년 동안 학교교육과 매스 미디어, 그리고 국가 정책 속에서 우리는 단일민족과 순혈주의 이념이 최상인 것으로 배웠다.

그 결과 우리나라 국민과 학생들은 전 세계에서 유례를 찾기 힘든 중증의 인종차별적인 사고를 가지고 생활했다. 그러한 편협한 인간관은 타민족 타문화에 대해 배려하지 못하고 우물안개구리 같은 사고를 하게 만들었다.

21세기 이데올로기는 경계 없는 국가관, 유목민, 세계화의 새로운 조류 속에서 우리에게 문화적 아킬레스건으로 다가오고 있다. 그런 점에서 한국의 다문화 가정과 아동들에 대하여 어떤 인식을 가져야 할 것인가, 다문화 가정의 아이들은 학교와 가정에서 정체성 혼란을 어떻게 겪는가를 보여주는 책이 <가장 검은 눈동자>이다.

저자는 다문화가정에 살고 있는 아동들이 주류 한국 사회의 문화와 교육 체제 속에서 어떻게 살고 있고, 어떻게 적응하고 있으며, 나아가 어떤 교육적 경험을 하는지 구체적으로 묘사하고 있다. 약 일 년에 걸쳐 다섯 명의 다문화가정 아동을 대상으로 다문화가정의 한국 정착생활, 가정에서의 일상생활, 학교생활, 그밖에 아동들이 겪는 교육 문제에 대한 이야기다.

이러한 연구 결과는 앞으로 다문화 교육 정책이 대규모의 학교 지원 정책이나 프로그램 개발, 일시적인 문화 체험 등으로 구성되는 관주도의 접근방식이 제공해 줄 수 없는 또 다른 형태의 해결책과 아이디어를 제공해 준다.

백인에 대한 허상이 깨지며 정체성에 눈떠

서문에 이어 시작되는 첫 번째 이야기는 저자인 진주 교육대학교 김영천 교수가 자신이 미국에 유학 갔을 때 겪은 실화를 이야기 형식으로 나타냈다. 소수자로서의 비애와 금발머리와 파란 눈에 대한 동경이 깨어지고 '백인 되기'의 신화가 자신이 만들어 놓은 잘못된 허상이었다는 자전적 이야기다.

그는 백인에 대한 환상 때문인지 어려서부터 백인처럼 되고 싶었고, 나중에 어른이 되면 백인 나라로 이사 가려고 작정했다. 교수가 되기 위해 오하이오 주립 대학교에 입학한 노총각. 어느 날 미국인 친구 집에 놀러가 주차장 옆에서 서성거리는 자신을 보고 누군가가 절도범으로 신고해 경찰이 출동했다. 단순히 노란색 피부라는 이유로.

200달러짜리 파커 만년필을 반환하고 현금으로 바꿔달라고 하자 백화점의 특별창구로 올라가 수배범처럼 사진을 촬영하고 현금을 되돌려 받으면서 느낀 모멸감은 백인의 문화에 동화되기 위해 애썼던 자신을 되돌아보게 되는 계기가 됐다.

그는 자유의 여신상이 자신을 구원해줄 줄 알았다. 그러나 그 자유의 여신상을 세우기 위해 100명이 넘는 흑인이 작업 도중에 떨어져 죽었다는 역사적 아이러니를 몸으로 겪었다.

박사 학위를 받은 그는 한국으로 돌아가지 말고 미국에서 살자는 파란 눈과 금발머리의 J를 뒤로한 채 시카고 오헤어 공항을 떠나 한국행 비행기에 몸을 실었다. 그가 그렇게 동경하던 백인의 나라에 살지 않겠다고 약속한 진짜 이유는 자신의 찢어진 눈매와 검은 눈동자, 노란색 피부를 의식하지 않으면서 걸어 다닐 수 있었기 때문이다.

한국 다문화 아동의 슬픈 자화상

두 번째 이야기는 한국 다문화 아동의 슬픈 자화상이다. 한국이(가명. 초등 5년) 어머니는 인도네시아 메단 섬이 고향이다. 한국에 들어온 그녀

1 다문화가정의 아이들 이야기를 발로 뛰면서 심층 분석한 책. 가장 검은 눈동자

2 외국인노동자와 다문화가족을 위한 축제에서 민속춤을 추는 결혼이주민 여성들

3 결혼이주여성들을 선발해 다문화교육 강사 훈련을 시키고 있는 컴퓨터교육장 모습

는 문화적 차이로 극심한 갈등을 겪었다. 인도네시아는 한국보다 훨씬 자유로운 생활양식과 문화규범을 가지고 있다. 반면에 한국은 호칭이 복잡하고 배우기 어려운 한국어와 고부갈등과 남존여비 사상에 힘들어 했다.

한국이는 유치원에 입학하면서부터 정체성 혼란에 빠졌다. 친구들로부터 소외당하면서 자신의 정체성을 되물었다. "어머니는 왜 하필 외국인인가?" "아버지는 왜 외국인 여자와 결혼했을까?" "나는 왜 한국어를 잘하지 못하는가?" 한국이는 5학년이 되어서야 비로소 친구들로부터 인정을 받았다. 마법은 한국어 숙달이었다. 어머니의 헌신적인 노력과 담임선생님의 도움은 한국어를 숙달하는 데 결정적인 역할을 했다.

갈색 피부의 은주(가명) 어머니는 필리핀 민다나오 출신이다. 놀랍게도 2년에 세 명의 아이를 출산한 그녀는 5년 동안 함양의 시부모님들과 함께 살며 농사일을 거들다 거창으로 이사해 살고 있다.

요즈음 은주 아버지와 어머니는 직업이 없다. 작년까지만 해도 근처에 있는 김치공장에 함께 나가 일을 했었지만 김치공장의 사정이 나빠지면서 출근하는 날이 줄었다. 은주네 가족은 기초생활 수급자로 의료보험, 생활비보조, 자녀 교육비, 교육활동비 등을 지원받고 있다.

은주가 가장 어려워하는 과목은 사회다. 은주 어머니가 사회 문제집을 샀지만 은주에게 사회를 가르쳐주지 못한다. 언어적인 문제뿐만 아니라 '한국의 사회'이기 때문이다. 은주 어머니는 한국 학부모의 교육열이 이해하기 어려울 만큼 높고 자녀들의 학원비로 고액을 지불한다는 사실을 믿지 못한다.

은중(가명)이는 창원시 왕릉동에 위치한 왕릉초등학교 4학년이다. 은중이 어머니는 인도네시아 출신으로 한국에 시집가면 지긋지긋한 가난으로부터 해방될 수 있을 것으로 여겨 자신보다 여덟 살이나 많은 한국남자와 국제결혼을 했다.

1997년의 IMF는 은중이 집도 비켜갈 수 없었다. 회사가 부도나 실직한 아버지는 신세한탄을 하며 매일같이 폭음을 했다. 게다가 술을 많이 마신 날에는 야수로 돌변해 은중이 어머니를 무자비하게 구타하고 살림살이를 깨부수며 아들들을 괴롭혔다.

어머니는 남편의 상습적인 구타와 경제적 무능함을 견디지 못하고 별거에 들어갔다. 은중이 어머니는 그동안의 삶의 터전인 부산을 떠나 일자리가 있는 창원으로 옮겨와 외삼촌과 함께 살았다. 차라리 아버지가 없는 게 낫다는 은중이 얘기다.

"아빠가 저와 동생들을 왜 버렸는지 잘 모르겠어요. 왜 술만 먹으면 우리들을 때리는지도 잘 모르겠어요. 이제는 차라리 아빠가 없는 것이 편해요. 엄마가 저와 동생들을 위해 열심히 살고 있으니까요. 다른 집처럼 부자로 살 수는 없겠지만 지금이 옛날보다 훨씬 나아요."

은중이 어머니는 한국생활이 너무 힘들어 다시 인도네시아로 돌아가기로 했다. 내년부터는 어머니의 나라 인도네시아인으로 살아가야 한다. 은중이는 아직 어린 탓에 자신의 이러한 정체성 혼란을 개념화할 수 없다.

하니(가명) 어머니는 한국에 시집온 지 13년째인 조선족 출신이다.

그녀를 힘들게 한 것은 남편과의 문화 차이였다. 결혼 초부터 남편은 "이거 해라. 저거 해라."는 명령조였다. 어머니가 하니를 임신했을 때 한국에는 IMF가 찾아왔고 남편은 직장인 조선소에서 실직했다.

어머니는 한국에 올 때 이런 시련을 상상조차 못했다. 하니는 며칠 전 어머니의 표정과 떨리는 말투에서 뭔가 이상한 것을 발견했다. 꼬치꼬치 캐물어 알게 된 사실은 외할머니가 돌아가셨지만 비행기 표를 살 수 없기 때문에 아버지에게 비밀로 부치고 혼자 아파하고 있다.

봉식(가명)이 어머니는 필리핀 출신이다. 가족과의 불화, 남편과의 다툼으로 인해 이사벨은 자신의 삶에 대해 부정적이며 소극적인 태도를 가지게 되었다. 이사벨은 지난 3년 남짓 지독한 향수병을 앓으며 고통스러워했고, 이제 지금의 현실은 피할 수 없는 악몽이라고 생각했다. 그녀에게 현실도피의 수단은 인터넷이다.

봉식이 아버지는 고등학교를 졸업했지만 한글조차도 제대로 읽고 쓰지 못한다. 부모의 무관심은 아이의 학교생활과 학습에 결정적인 영향을 미친다. 4학년 1학기를 보내고 있는 봉식이는 현재 2학년 1학기 내용을 공부하고 있다. 봉식이 담임의 얘기다.

"안 돼! 하나도 안 돼요. 글자도 모르고 책을 주면 다 찢어 버리고. 하도 책을 가지고 오지 않아서 책가방을 봤더니 온갖 쓰레기들이 다 들어 있어요. 집에서 가방도 열어 보지 않나 봐요. 매일 확인하고 아이를 봐 줘야 하는데 안 봐줘요."

자신의 아픔을 자식에게도 물려주고 싶지 않은 눈… 가장 검은 눈동자

김씨는 대학교를 졸업하고 군에서 전역한 후 직장에 다니는 직장인이다. 경남 산청이 고향인 그의 외가는 베트남이다. 거창시의 큰 횟집에서 평생을 종업원으로 일했던 어머니는 췌장암으로 51세에 돌아가셨다. 돌아가실 때 어머니는 그의 손을 꼭 잡은 채 숨을 거뒀다.

그는 어머니 묘소에 노란색의 복수초를 한 아름 캐다가 심어 드렸다. 복수초는 눈 속을 헤치며 핀다. 그 꽃은 피지도 못하고 바로 져버려 아쉬운 꽃이다. 복수초는 머나먼 이국땅에서 고생만 하고 돌아가신 어머니 같았다. 묘소에서 돌아와 우연히 어머니의 일기장을 보았다. 일기장 속에는 자신을 낳은 후 기뻐서 쓴 기록이 있었다.

"병원에서 아들을 낳았다. 아들이라고 소리치는 시어머니와 남편 소리. 너무 기뻤다. 그리고 나는 가장 먼저 아들의 눈동자를 쳐다보았다. 까만 검은 눈동자. 예쁘다. 마음이 놓인다. 행복해서 눈물이 났다. 나하고 달리

정말로 눈동자가 까맣구나. 이제 우리 아들을 다른 사람들이 외국 사람으로 생각하지는 않겠구나."

그녀의 눈은 노란색이다. 그래서 남의 눈을 똑바로 쳐다보지 않고 살았다. 베트남이 프랑스 식민지였을 때 먼 조상 할머니가 프랑스 남자의 아기를 가져 혼혈아를 낳았는데 피부는 까무잡잡하였지만 유독 눈만 노란색에 가까운 갈색이었다.

이 책을 쓰기 전 저자의 연구원들은 면담이 취소되기도 하고 연락이 두절되기도 하였다. 지금까지 해온 어떤 작업보다도 어렵고 좌절을 맛보기도 한 작업이었다. 이 책은 피부색깔이 아닌 동일한 인간으로 대접받고자 하는 다문화가정의 상황을 적나라하게 그린 책이다.

(11. 03. 07)

재한일본인들 "조용기 목사, 너무 하네요"

일본 후쿠시마 지진 피해 보도로 상처 입은 한국 속 일본인들

규모 9.0의 강진과 10m가 넘는 쓰나미가 일본 도호쿠(동북부)지방을 덮쳐 수만 명이 생사불명이다. 엎친 데 덮친 격으로 원자력발전소 폭발로 일본과 전 세계가 놀란 가슴을 진정하지 못하고 있다.

대한해협 건너 가깝고도 먼 나라인 한국도 경제적 피해와 원전의 영향을 받을까 노심초사하고 있다. 혹시나 일본에 사는 지인은 별 일 없을까 우리나라의 많은 산업체가 일본에서 부품을 조달받고 우리나라를 찾은 관광객의 ⅓이 일본인이라는데 우리 경제와 관광산업은 괜찮을까? 원전은? 순식간에 휩쓸어가는 쓰나미의 위력 앞에 우리 모두는 할 말을 잃었다. 그러나 일본의 지진피해는 대부분 한국인들에게 한 다리 건너 남의 일일 수도 있다. 하지만 한국에 와서 사는 재한 일본인들의 심정은 어떨까

여수에서 초중생들에게 다문화교육을 지도할 결혼이주여성들을 지도하고 있는 터라, 가까이 지내는 일본인들을 만나 이야기를 나눠봤다.

미쯔꼬 씨는 후쿠시마(福島) 출신이다. 후쿠시마는 폭발사고가 난 원자력발전소가 있는 곳이다. 그녀의 고향은 다행히 바닷가와 50㎞쯤 떨어진 곳에 있어 가족과 친지들이 안전하다. 한국에 온 지 4년쯤 돼 한국말이 능숙하지는 않지만 무슨 말인지는 안다. TV나 인터넷을 통한 거의 모든

소식을 해득할 수 있다. 그녀에게 지진 소식을 접했을 때의 느낌을 물었다.

"처음 지진 소식을 들었을 때는 지진에 익숙하기 때문에 아! 지진이 났구나! 하고 생각했었죠. 어렸을 적부터 진도4 정도는 익숙했어요. 그리고 매년 지진대피 훈련을 통해 지진이 나면 책상 밑으로 기어 들어가는 훈련을 받았어요. 그런데 실제로 TV에서 큰 지진 소식을 보고 깜짝 놀랐어요."

지진피해 속에서도 일본인들의 침착함과 남을 배려하는 정신에 세계가 찬사를 보내고 있다. 세계 각국 언론들이 일본인들의 줄서기와 도난 및 폭력이 한 건도 보고되지 않고 있는 등 자신보다 남을 먼저 배려하는 일본인들의 정신에 감탄하고 있다.

지난해 22만 명이 희생된 아이티 지진과 2005년 허리케인 '카트리나'가 할퀸 미국의 뉴올리언스는 폭력과 부패가 휩쓸었다. 미쯔꼬 씨의 얘기다.

"어릴 적부터 남에게 피해를 끼치지 말라는 '메이와쿠 가케루나'를 철저히 배웁니다. 메이와쿠는 '자기보다 남을 먼저 생각하라', '상대방이 상처받지 않도록 하라'는 정신으로 집에서도 그렇고 학교에서도 배웁니다.

그런데 모 신문에서 '일본침몰'이란 말을 하고 조용기 목사가 '일본 지진이 하나님의 경고'라는 말을 했는데 그런 말은 너무했다는 생각이 듭니다. 물론 옛날 한·일간의 역사적 감정은 이해하지만 너무 하다는 생각은 지울 수가 없어요. 일본 사람들도 열심히 살고 있거든요."

아케미 씨는 한국에 온 지 7년차다. 그녀의 고향은 일본 동경에서 떨어진 사이타마현(日高市)으로 바닷가와는 멀리 떨어져 친인척들 모두 무사하다. 그녀는 한국말을 잘해 지진이 날 당시 일본어 시민강좌를 지도하고 있었다. 수업 중이라 지진 소식을 못 들었는데 수강생 중 한 명이 알려줘 알았다. "처음 TV를 보고 너무나 무서웠어요. 일본 고향집에 전화를 했으나 불통이었다가 다음날에야 통화가 되어 무사하다는 소식을 듣고 안

도했어요. 전화를 받은 동생이 제가 한국에 있으니 금방 올 수도 없어 전화를 안 했다고 그래요. 얼마나 놀랐는지 몰라요.

한국의 천주교와 불교 및 사회단체와 네티즌들이 일본인들을 위해 위로의 글을 올리며 모금운동을 한다는 소식을 듣고 눈물이 났어요. 한·일 간의 역사적 감정으로 일본을 엄청 미워한다는 걸 이해하고는 있었는데 막상 모금운동까지 하며 일본을 도운다고 하니 너무나 고맙죠. 지역에 사는 재한 일본인들도 교회를 중심으로 모금운동을 하자고 얘기하고 있습니다." 남의 불행에 공감할 줄 아는 인류애는 가깝고도 먼 나라를 정말 가까운 나라로 만들 수도 있다. (11. 03. 15)

1 진도 8.8의 초강력 지진이 발생한 일본의 동북부 해안과 인접한 이와테현에서 12일 오전 어린 아이를 업은 한 여성이 쓰나미로 인해 잔해와 진흙으로 가득찬 곳을 지나고 있다. © 연합뉴스

2 11일 오후 일본 도호쿠 지방 부근 해저에서 일어난 규모 8.8의 강진으로 도쿄에서도 몇 분간 강한 진동이 느껴졌다. 사진은 이번 지진으로 화재가 발생한 도쿄 오다이바에서 신바시(新橋) 쪽으로 유리카모메 철로를 이용해 피난하는 시민들. © 연합뉴스

불교는 일본의 국가 폭력을 정당화하는 도구였을까

여수에서 열린 제26차 세계불교도우의회 학술 포럼

6월 11일부터 16일까지 열리는 제26차 세계불교도우의회 셋째날인 지난 13일. 오전 8시 반부터 11시 반까지 여수 디오션리조트 컨벤션홀에서는 '불교가 현대 사회에 미친 영향'이라는 주제로 학술 포럼이 열렸다.

폴 눔리치, 카르마 렉세 쏘모, 브라이언 앙드레 빅토리아 등 세계적으로 저명한 불교학자가 발표한 자리에는 500여 명의 불교도들이 참석했다. 이들은 아시아인의 종교에서 세계인의 종교가 된 불교가 21세기 문화 전반에 미친 영향에 대해 살펴봤다.

안티옥대학 브라이언 앙드레 빅토리아 박사가 발표한 '현대사회에서의 불교의 영향에 대해 어둠의 장으로부터 배우다'는 일본 군국주의에 끼친 불교의 영향에 대해 분석한 것으로 우리와 연관이 깊어 조명해 본다.

일본 불교계 지도자들, 군국주의 열정적으로 지지해

1997년에 출간된 <전쟁에서의 선>(Zen at War), 그리고 더 좁게는 2003년에 출간된 <전쟁과 선 이야기>(Zen War Stories)는 미국과 유럽 선 불교계에 충격파를 던졌으며 일본 불교계에도 마찬가지였다. 이 책은 많은 지도자급 선사와 학자들이 일본 군국주의에 대해 광신적인 지지는 아니었지만 열정적이었다는 것을 폭로했다.

군국주의 지지에 앞장섰던 '묘심사'를 포함한 임제종 지부에서는 총회에서 다음과 같은 책임을 인정했다.

"미국에서 일어난 최근의 사건들(9·11 테러)을 반성하면서 우리는 과거에 우리나라가 성전이라는 이름으로 전쟁에 참여하여 여러 나라에 크나큰 고통과 상처를 입힌 것을 인정한다. 이것은 그 당시의 국가정책이기는 했지만 우리 종단(임제종)이 단호하게 전쟁 반대의 입장을 취하지 못하고 전쟁에 협력하는 것으로 끝맺었던 것을 실로 유감스럽게 생각한다. 이러한 점에서 우리는 과거 우리 범죄를 고백하며 우리의 행동에 대해 엄격히 반성한다."(2001년 9월 27일)

스즈키 다이세츠의 전시 역할에 대한 배경

일본의 스즈키 다이세츠는 서양에 선을 소개한 가장 중요한 인물이다. 그가 1912년 가을에 시베리아 횡단 철도를 통해 유럽에 가는 도중에 '가난한 나라'로 묘사한 한국에 대한 논평이다.

"그들(한국인)은 그들이 일본 정부의 손에 들어오게 된 것이 얼마나 행운인지를 모르고 있다. 독립이나 그러한 것들을 얘기하는 것들은 다 좋다. 하지만 그들이 스스로 서기에는 능력이나 생명력이 부족한 때에 독립을 요구하는 것은 소용없는 일이다. 나처럼 여기를 단지 지나가는 사람의 관점에서 살펴보면 한국은 일본에 병합된 날을 그들의 부활의 날로 생각해야 할 것이다."

스즈키는 한국인들의 독립열망에 대한 열망을 무시하고 일본의 지배를 정당화하기 위해 한국의 가난을 이용한 식민주의자다. 당시 많은 일본인들이 동의했지만 불교의 관점에서 보면 문제가 있다. 그는 불교적 신념에 호소해 러시아 제국과의 전쟁에 일본의 젊은이들을 죽음으로 내몰아 4만 7,000명의 일본 청년이 목숨을 내던졌다. 1904년에 스즈키는 영어로 다음과 같이 썼다.

"필요할 때는 언제나 이 목숨 줄을 끊어버리자. 그리고 운명에 대해 불평의 소리를 내지 말자. 이러한 신념으로 불교도들은 최후의 승리를 얻을 때까지 죽은 자와 죽어가는 자를 넘어 진리의 깃발을 견지하라."

스즈키의 일본제국 장교들에 대한 연설

스즈키의 1941년 저서 <무사도의 신수> '무사도와 선'이라는 장에서는 중국과의 전쟁을 명백히 말하거나 일본 군부를 정확히 겨냥한 것은 아니지만 침공에 대해 동정적인 태도를 암시한다. 스즈키의 기고 제목은 유명한 선 문구인 "망설임 없이 나아가라(邁直向前)"에서 취했다.

선은 원래 인도에서 왔지만 실제로는 중국에서 완성되었으며 그것에 대한 실제적 효능은 대부분 일본에 온 이후에 보완되었다. 일본인들의 성격과 선이 놀랄만치 일치하는 것은 '망설이지 않고 사물의 본질에 곧바로 나아가는 것'이다. 목표가 정해지면 좌우를 살피지 않고 목표를 향해 곧바로 나아간다.

예를 들면, 일본인들은 칼을 한 손이 아니라 두 손으로 잡는다. 일본 이외의 나라에서는 칼을 잡을 때 한 손으로 잡는다. 더 나아가 그들은 왼손으로 방패를 잡는다. 이것은 다른 한 손으로는 적을 쳐부수면서 또 한 손으로는 자신을 방어하기 위해서다. 그러나 일본인들은 두 손으로 칼을 잡는다. 거기에는 자신을 방어한다는 의도는 없다. 오직 상대를 향해 내리칠 뿐이다. 이것은 말하자면 자신의 몸을 포기하고 상대에게 돌진하는 것이다.

일본의 선방에는 길이가 대략 121cm쯤 되는 경책이 있다. 이것은 좌선하는 사람이 어깨에 힘이 너무 들어가서 뻣뻣해지는 경우에 때리기 위한 도구이다. 중국에도 대략 76cm 정도에 이르는 경책이 있다. 그러나 중국은 오직 한 손만 사용하지만 일본은 두 손을 쓴다.

어떤 일에서든 기꺼이 죽으려는 마음가짐을 지니는 것은 쉽지 않다. 이러한 마음가짐을 지닐 수 있는 가장 빠른 길은 다름 아닌 선이다. 왜냐하면 선은 종교의 근본적인 이상이기 때문이다. 선은 죽음을 초월할 준비가 되어 있으므로 기꺼이 죽는다고 하는 것과 같은 단순한 문제가 아니다. 이것은 삶과 죽음을 하나로 보는 것으로서 '삶과 죽음의 통합'이라고 부른다.

스즈키는 그의 저서에서 장교 독자들에게 6가지 이유를 들어 '죽을 준

1 '불교가 현대 사회에 미친 영향'이라는 주제로 학술 포럼이 열렸다

2 한국의 전통 승무공연

3 안티옥대학 브라이언 앙드레 빅토리아 박사의 일본 군국주의에 끼친 불교의 영향에 대한 분석 발표

4 여성 불교신자들로 구성된 합창단의 찬불가 공연

비'가 되는 것이 얼마나 중요한가를 설명했고 '선이 이러한 마음가짐을 가지게 되는 최상의 지름길'이라는 것을 지적했다. 스즈키는 선과 일본 국민의 상징적인 관계를 요약하여 다음과 같이 말했다.

"어떤 의미에서는 '망설임 없이 곧장 앞으로 나아가는 것'과 '분별하는 생각을 그만 두는 것'이 일본 국민의 특징이라고 말할 수 있다. 그것이 함축하는 것은 태어남과 죽음을 돌보지 않으면서 목숨을 버리고 앞으로 돌진해야 한다는 것이다. 이런 점에서 일본 국민, 특히 선과 군인들의 견해가 일치한다고 생각한다."

제국군대 장교 잡지의 편집자들은 스즈키의 글들을 출간하는 데 흥미를 가졌다. 그것은 선 훈련을 통해 얻어진 두려움 없고 자기희생적 전사 정신의 역사적인 예를 제공하기 위해서였다.

이것은 '자신을 방어할 의도 없이' '자신의 몸을 버리고' '상대에게 뛰어든다'와 같은 일본 제국 공군의 가미가제 조종사와, 해군의 유인 어뢰 작전이라는 악명 높고 전술적으로 유용한 '반자이 공격'을 낳았다.

스티븐 베철러는 <붓다는 없다>라는 책에서 '도덕적 정당성의 방파제를 군주국가에 제공하려는 조직화된 종교의 힘'을 지적했다. 그는 일본 불교가 다른 종교와 마찬가지로 국가폭력 사용에 대한 방파제를 제공하기 위한 도구였는가에 대해 반성하기를 권한다.

나는 몇 번에 걸친 일본 여행 중 풀리지 않는 의문점이 있었다. '왜 일본인들은 집단자살을 할까?' '왜 목숨을 초개같이 버릴까?'라는 의문이 쌓였다. 단순히 천황에 대해 충성하기 위해 죽는다는 것으로는 시원한 해답이 되지 않았다. 그러나 브라이언 앙드레 빅토리아 박사의 발표로 의문점이 풀렸다. 역사를 보면 종교라는 미명하에 벌어진 전쟁이 허다하다. 사랑을 앞세워야 할 종교가 더 이상 국가폭력에 이용되어서는 안 된다.

(12. 06. 15)

환갑 맞아 향일암에 선 동창생들

각자 살아온 이야기에 공감하고...

환갑(還甲) 또는 회갑(回甲)은 만 60세의 생일을 축하하는 한국의 전통 문화다. 간지(干支)는 60년마다 같은 이름을 가진 해가 돌아오므로, 회갑은 육십갑자가 다시 돌아왔다는 의미이다. 양력 1952년 1월 27일부터 1953년 2월 13일 사이의 임진년에 태어난 사람은 2012년 1월 23일부터 2013년 2월 9일사이의 임진년에 환갑을 맞이하게 된다.

의술이나 식생환경이 갖춰지지 않아 평균수명이 짧았던 옛날, 환갑을 맞이했다는 것은 장수를 의미했다. 그러나 오늘날에는 평균수명이 늘어 환갑에 대한 의미도 달라졌다. 예전에는 환갑을 넘기면 노인으로 보았으나, 2011년 조사에서 노인이라 여겨지는 나이는 66.7세였다. 우리나라 사람들의 평균수명도 남자는 77.2세, 여자는 84.1세로 환갑이면 세상을 뜰 날이 멀었다는 의미다.

옛날 회갑연에서는 자손들과 일가친척, 동네 사람들이 함께 모여 장수를 축하했다. 회갑연 도중에 장성한 자식들이 다시 어린이와 같은 옷을 입고 환갑을 맞은 부모에게 재롱을 부리는 행사를 하기도 했다.

추석을 지낸 며칠 후(6일), 초등학교 동창들이 여수 향일암에 모여 단체로 회갑연을 열었다. 머리가 희끗희끗해진 친구들은 전라도 곡성 오곡초등학교를 졸업한 지 45년이 지났다. 오곡면 소재지에 있는 학교는 학생이 많을 때는 500명도 넘었지만 지금은 폐교되어 쓸쓸하기 그지없다.

벗과 술은 오래될수록 좋다

아이들을 다 키우고 손자, 손녀를 보아 할아버지, 할머니가 다 된 친구도 있다. 하긴 옛날 우리 어릴 적에는 회갑연에 장성한 자식들이 손자들을 데리고 와 넓죽 절하는 걸 봤다. 그러나 옛 친구들 모두가 모인 자리에는 자녀 대신 한 살 아래 친구들이 꽃다발을 증정하며 한 살 위 친구들의 환갑을 축하해줬다.

1 환갑 맞은 친구들에게 한 살 아래 친구들이 꽃다발을 증정하고 있다

2 친구들과 함께 새벽에 향일암에 올라 새로운 시작을 다짐하며

3 환갑을 축하하는 촛불

4 환갑에 색소폰을 배우기 시작한 팔방미인 친구 조완용

서울 사는 친구들을 중심으로 버스를 대절한 친구들은 갖은 음식을 다 해가지고 왔다. 여수 향일암 앞바다를 바라보고 있는 펜션의 커다란 방 세 개를 빌려 음식을 차려놓고 간단한 축하연을 가진 일행은 여수 밤바다를 바라보며 이야기꽃을 피웠다. 한 친구의 얘기다.

“나는 남편을 하루에 네 번 죽이고 네 번 살려. 그만큼 밉기도 하고 불쌍하기도 해. 이제 내년부터는 열 일 제치고 동창회에 참석할 거야. 이제 살 만큼 살았으니 뭐 재미있는 게 있어야지. 옛 친구들이 제일이더라고.”

70명이 졸업한 동창생 중엔 벌써 세상을 뜬 친구도 있고, 남편과 사별한 친구도 있다. 건강 얘기며, 집안 얘기며 살아가는 얘기에 시간가는 줄 모른다. 개중엔 색소폰을 들고 와 아름다운 정취로 가을밤을 수놓은 친구도 있었다.

조완용! 별난 취미를 가진 그 친구는 팔방미인이다. 일하는 도중 틈이 나면 댄스, 헬스, 바다낚시, 장구, 봉산탈춤, 사냥도 배웠다. 1,500CC 오토바이도 즐긴다. 학원에서 제일 연장자로 색소폰을 시작한 지 3개월 됐다는 친구의 얘기다.

“5년 전 교통사고로 아들을 잃고 어디다 맘 둘 곳이 없더라고. 맘을 달래기 위해 색소폰을 시작했는데 용접과 기계를 만지던 손이라 운지가 힘들어. 그래도 진도가 제일 빠르다는 선생님의 평가야. 불구자도 많은데 나는 건강하니 항시 즐거운 마음으로 하루하루 최선을 다해서 살겠다는 생각이야. 나는 14살부터 가장이 되어 동생 5명을 가르치고 결혼도 시켰다. 이제 내 인생을 즐겨야지.”

환갑에 공부 시작해 대학입학 검정고시까지 합격한 친구에게 박수를

고향에 가면 평생 농사만 짓는 친구가 있다. 부지런하고 우직한 친구 노상희! 그는 초등학교 때 공부를 잘 했지만 집이 너무 가난해 중학교 진학을 못했다. 남의 논을 빌려 경작을 한 그는 벼농사 8,000평에 하우스 농사 3,000평을 경작하는 중농가다. 이웃과 친구들은 강직하고 믿음직한 그를 신용해 농협 이사로 선임했다.

농사만 짓다 사회활동을 한 그에게 부담스런 일이 생겼다. 이력난에 학력을 기재해야 하는데 초등학교 졸업이라는 글씨를 쓸 때마다 자괴감이 들어 아예 공부를 시작하기로 마음먹었다. 교사, 경찰, 취업준비 중인 2남 1녀를 둔 그는 아이들을 다 키웠으니 자신의 차례라고 생각해 검정고시 공부를 시작했다.

환갑에 고입과 대입검정고시에 응시해 합격한 노상희

올 1월 고입검정고시를 시작한 그는 3개월만인 4월 15일 고입검정고시에 합격했다. 내친김에 8월에 대입 검정고시에 응시해 합격(8월. 22일)했다. 그에게 공부하는 과정의 애로사항을 들었다.

"어릴 적 가난해서 못 배운 아쉬움을 해결하고 장성한 자식들에게 본을 보이고 싶었지. 농사 지으면서도 매일 3시간씩 철학이나 고전을 공부한 게 도움이 됐지만 나이가 들어 집중력이 떨어지는 건 어쩔 수가 없더라고. 대학은 농업계열에 들어가 공부 해볼까 생각 중이야"

여수 밤바다의 아름다운 정취에 취하고 이른 새벽 향일암에 오른 친구들은 동쪽바다에서 떠오르는 바다를 보며 새로운 인생을 약속했다. 환갑은 은퇴가 아니라 새로운 시작이다. (12. 10. 10)

눈 뜨고 당하는 소액결제, 정신 바짝 차리자

휴대전화 소액결제 요금, 꼭 제대로 확인하세요

“여보! 요새 당신 휴대전화 소액결제란에 500원, 900원씩 쓸데없이 나가는 것 같은데 114에 전화해 확인해봐. 사용하지도 않는 요금이 나가는 것 같은데 아예 지불정지를 시켜야 할 것 같은데?”

공공요금이나 휴대전화 요금에는 관심이 없는 내게 아내가 며칠 전 불쑥 던진 말이다. 그게 뭐냐며 알려달라고 하자 아내가 내 휴대전화를 열어 보여준 6월 청구서에는 ‘총 납부하실 금액 4만8,020원’이라는 글씨가 적혀 있었다.

내가 내야 할 통신요금 기본료 5만4,000원에서 요금할인 2만7,001원이 기록돼 있었다. 그 다음 항목에는 부가사용금액이 적혀 있었다. 부가서비스 이용료 1,400원에 이어 소액결제란에 1만6,500원이 적혀있다. 기타금액 220원, 부가가치세 2,866원은 다음 항목이다.

그동안 통장에서 자동으로 빠져나가고, 통장도 아내가 관리하니 무신경했던 게 사실이다. 다음날 아침 “꼭 확인하라”는 신신당부를 들은 나는 출근하자마자 114 담당자에게 “소액결제란에 왜 1만6,500원이 고지됐는지를 확인해주고, 결제를 요구하는 회사는 무슨 회사이며 담당자 전화를 알려 달라”고 요청했다. 잠시 후 114담당자는 내게 이렇게 말했다.

"OOO회사이며 상담 전화는 0xx-xxx-xxxx번입니다. 지난 5월에 처음으로 과금이 됐네요. 그 회사는 영어 리스닝과 스피킹을 전문으로 하는 회사입니다."

신청한 적도 없는데… 폐업한 회사가 소액결제 과금

"아니! 내가 영어교사인데 영어리스닝과 스피킹을 신청했다니!"

기가 막혔다. 그것도 지난 5월에 알려준 전화번호를 확인해 당장 회사 담당자를 바꿔 달라고 하니 "회사는 두 달 전에 폐업하고 나는 회사 관련 전화 상담만 한다."고 했다. 갈수록 묘하다. 폐업했는데 관리만 해주는 담당자가 있다고?

자초지종을 설명하며 "상품을 신청한 일이 전혀 없을 뿐만 아니라 어떻게 폐업한 회사가 내 전화번호를 알아서 소액결제란에 과금을 하느냐." 고 따졌더니 "통장 번호를 알려주시면 해당 액수를 환불하겠다."는 답변이 돌아왔다.

"전혀 상관없었던 회사에서 소액결제를 요청했는데 내가 당신을 어떻게 믿을 수 있느냐"고 하자, "114상담원에게라도 알려주시면 반환하겠

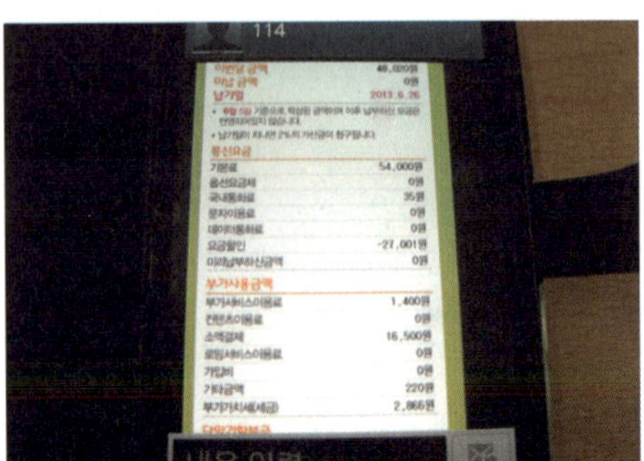

통신사에서 내게 보내온 6월 M청구서. 부가사용 금액란에 소액결제 16,500원이 보인다

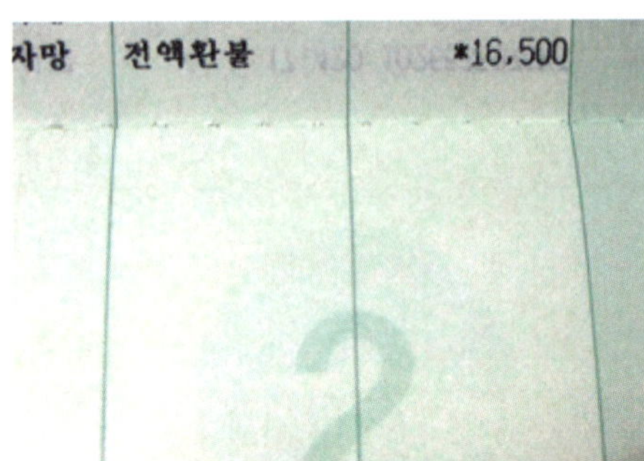

내 통장에 기록된 16,500원. 전액환불이라는 글자가 선명하게 보인다

다"고 했다. 나는 114상담원에게 다시 전화를 걸어 "알려준 영어전문회사 담당자를 믿을 수 없으니 114에서 처리해달라."고 요청하자 "그리 하겠다."는 연락이 왔다.

서로 통화를 마친 114상담원은 "3일 뒤까지 통장에 입금하기로 약속했으며 약속된 날 확인전화를 하겠다."고 답신했다. 퇴근 후 아내에게 자초지종을 말하고 소액결제라고 했더니 "소액결제가 아니고 모바일안전결제요금 500원과 휴대전화 인증 900원이 쓸데없이 과금되고 있으니 통신사에 전화해 해지해 달라."는 말이 돌아왔다. 아내가 말한 건 다른 거였는데 요금 과금 내역을 살피다 새로운 사실을 알아낸 것이었다.

3일이 지났다. 통장을 확인해보니 1만6,500원이 입금됐고, 114상담원에게도 확인 전화가 왔다. 아내가 잘못 말했지만 우연히 보게된 청구서를 자세히 들여다보지 않았더라면 계속 돈이 나갔을 것 아닌가. 바보가 됐다고 생각하니 화가 났다. 과금된 액수를 꼼꼼하게 챙기지 않는 나 같은 사람이 어디 한둘일까. 눈뜨고 코 베어가는 세상이다.

(13. 07. 08)

여수산단, 막대한 이익에도 지역사회 기여 너무 적다.

시민단체 "지방세 징수액을 국세 3%대로 올리는 방안 강구해야"

"움직이는 화약고라는 불명예와 함께 각종 발암물질을 포함 전국에서 가장 많은 유해화학물질을 취급하고 있는 여수국가산단은 막대한 경제적 이익에도 불구하고 지역사회 기여도가 너무 적다는 불만이 나오고 있다. 특히 엄청난 규모에도 불구하고 지방세 징수액은 국세의 1%대로 지나치게 낮아 '돈은 서울로, 공해는 여수로' 뿌린다는 인식이 저변에 깔려 있다."

지난 달 28일, 여수시청소년수련관에서 열린 '여수산단 노사의 사회적 책임 실천 강화를 위한 과제와 방향 토론회'에 참석한 전창곤 여수시의원이 여수산단의 사회적 책임을 강조하며 목소리를 높였다.

이날 전창곤 의원은 여수국가산업단지에 입주한 기업들의 지역사회 환원사업이 다른 지역에 비해 훨씬 적다며 다음과 같이 지적했다.

"SK는 울산시에 1,500억 상당의 울산시민대공원을 조성했으며, 현대차와 현대중공업은 2천억을 투입해 울산지역 도시 인프라를, 포스코는 광양에 1천억을 투입해 문화공간 백운아트홀과 길호대교를 건립하는 등 사회공헌사업을 했다. 여수산단은 전체 시민보다는 산업단지 주변마을 위주의 개별보상 형식을 취함으로써 기업의 사회적 책임에 대한 시민적

공감대를 얻지 못하고 있다.”

전 시의원의 주장처럼 현대사회 기업의 사회적 책임은 선택이 아닌 필수가 돼버린 지 오래다. 기업은 종업원 고용과 복지향상 등으로 지역사회 발전에 이바지하고 소음이나, 대기오염, 농작물 피해, 하천오염 등의 문제에 대해 적극적인 보상을 하는 것은 물론, 사태 방지를 위해 아낌없이 투자해야 한다.

1967년 정부는 2차 경제개발 5개년계획의 일환으로 중화학공업육성에 중점을 둬 여천공업기지를 기공했다. 그 결과 GS칼텍스가(1969년) 처음 준공된 이래 여수국가산단에는 264개의 공장이 가동 중이거나 건설 중에 있다.

1 여수국가산단의 야경

2 지난 수요일(8. 28) 여수시청소년수련관에서 열린 ‘여수산단 노사의 사회적 책임 실천 강화를 위한 과제와 방향’ 토론회 모습. 오른쪽에서 두 번째가 여수시의회 전창곤 의원이다

작년 여수국가산단에서 생산한 총액은 97조 1천 46억으로 382억 2,300만 달러를 수출했다. 주요 업종은 정유, 석유화학, 비료이며 GS칼텍스가 국내정유처리능력의 28%를 차지하고, 석유화학은 국내총생산액의 48%를 차지하며 비료는 32%를 생산한다. 석유화학 생산량을 놓고 보면 국내 1위인 여수산단에 거주하는 종업원 수는 1만 8천명이다.

이렇게 거대한 국가산단이 있는 여수시 인구는 해마다 줄어들고, 여수산단을 바라보는 시민들의 시선도 곱지가 않다. 오염원을 배출하고 고용창출이 적을 뿐만 아니라 끊이지 않는 사고로 '화약고'라는 오명을 쓰고 있기 때문이다.

유해물질배출량(산단기준) 전국 1위에 1급 발암물질배출량(지자체기준) 1위라는 오명도 갖고 있다. 1970년대부터 작년까지 여수국가산단에서 발생한 사고현황을 보면 총 275건에 사망 116명, 부상 198명, 대피 3,007명에 이른다. 지난 3월에도 대림산업에서 폭발사고가 발생해 17명의 사상자를 낳았다.

여수산단에선 이렇듯 잡음이 끊이지 않지만, 여수시가 최근 조사한 자료에 의하면 1985년부터 2013년 상반기까지 여수산단 54개 기업에서 지역사회에 환원한 금액은 1,200억 원에 불과하다. 이 중 GS칼텍스에서 제공한 액수가 1,039억이고 LG화학 52억, ㈜한화 54억, 재원산업 8억, 삼남석유화학 7억 순이다. 그밖에 기업들이 박람회 입장권, 장학금, 봉사활동으로 지원한 금액이 65억 원이다.

이에 대해 여수시민협 김태성 사무처장은 "산단 기업의 일상적인 지역사회공헌사업과 GS칼텍스의 예울마루 시설과 같은 대표적 지역사회 환원사업은 구분되어야 한다."며 "한시적이고 독자적인 민간위원회를 구성해 지방세 징수액을 국세의 3%대로 올리는 방안 등을 강구하는 것이 바람직하다."고 말했다. (13. 09. 02)

20여 분 동안 주운 낚시 바늘만 30여개, 헉

여수시 국동항 수변친수 시설, 시민 의식 절실

여수시 국동항에는 12,000평방미터에 달하는 수변친수시설(여수시 봉산동 100-3)이 있다. 수변친수시설은 배가 정박하던 바다에 파일을 박고 시멘트로 공간을 연결해 시민들이 즐길 수 있도록 만든 공간이다.

159억 원을 들여 올 3월 완공된 시설에는 시민들이 시원한 바닷바람을 쐬며 휴식할 수 있는 의자와 공연장, 종려나무, 낚시터, 음수대가 있다. 중앙동과 수정동 주민들이 아름다운 해양공원에서 여수밤바다를 즐기는 모습을 부러워하던 국동과 봉산동, 신월동 일대 주민들에게도 더위를 식히며 밤바다를 즐길 공간이 생겼다.

추석연휴로 한가한 시간을 보내던 지난 21일 오전 7시, 자전거를 타고 국동항 주변을 돌다 수변친수시설에 들렀다. 그런데 웬일인가. 깨끗이 단장된 시설에서 바다를 바라보며 여유를 가지려던 생각을 무참히 깨뜨리는 볼썽사나운 것들이 눈에 띈다.

맥주병과 소주병, 김치 나부랭이와 휴지 조각, 음식을 싸왔던 비닐들에는 파리가 날고 개 한 마리가 쓰레기를 뒤진다. 바닷가에는 어제 저녁 텐트를 치고 잠을 자던 사람들과 낚시꾼들의 텐트가 군데군데 보인다. 청소를 하던 여수시청 직원에게 물으니 매일 오전 10자루 정도의 쓰레기가 나온다고 한다.

그것뿐일까? 얘기를 하다 발에 걸리는 게 있어 발밑을 보았다. 투명한 낚싯줄이다. 낚싯줄 끝에는 예리한 낚시 바늘이 달려있다. 아니! 애들이라도 밟으면…. 안 되겠다 싶어 자전거를 세워둔 채 추락방지용 안전망을 따라 바닷가를 돌며 낚시꾼들이 잘라서 버린 낚시 바늘을 줍기 시작했다. 20분간 주운 낚시 바늘이 무려 32개다. 몇 개의 낚시 바늘 끝에는 말라비틀어진 지렁이가 붙어있기까지 했다.

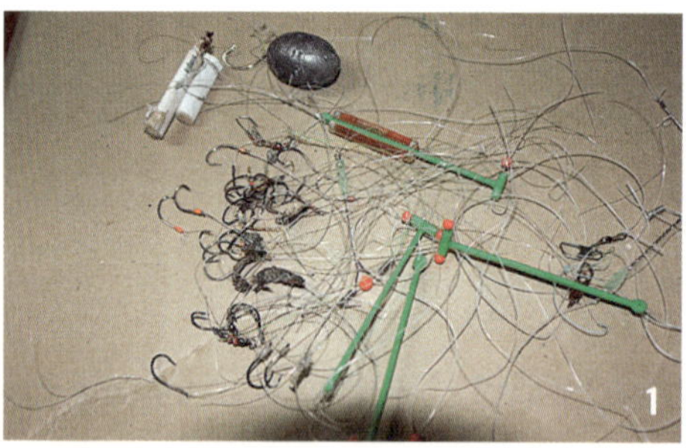

1 국동항 친수시설 안전망을 따라 20분간 돌며 주은 32개의 낚시 바늘과 납으로 된 추들. 시커먼 것은 지렁이가 말라붙은 것이다. 어린이들이 밟으면 어떻게 될까?

2 토요일(21일) 오전 7시 산책 나왔다가 마주친 쓰레기들. 하루에 10자루의 쓰레기가 나온다고 한다

3 국동항 친수시설에서 취사하는 사람들. 지난 22일 밤 36팀이었지만 한 여름에는 아예 빈자리가 없었다고 한다. 앞쪽에는 어린이들이 놀며 오가고 있다

4 추락방지용 안전망에는 "쓰레기를 버리지 마시고 되가져가 주시기 바랍니다. 위 사항을 위반할 시 10만원 이하의 과태료가 부가된다."라는 여수시장 명의의 플래카드가 걸려 있다

한쪽에는 부모를 따라 나온 어린이들이 뛰어다닌다. 어린이들이 뛰어다니다 밟으면 다친다는 건 불문가지다. 고기 잡는 낚시꾼 한 사람에게 "왜 이렇게 낚시 바늘을 잘라 버리죠?" 하고 묻자 "납이 떨어지거나 헝클어지면 귀찮으니 잘라서 버리고 새것을 달아요."라고 말한다.

도대체 밤에 얼마나 많은 사람들이 놀러오고 무엇을 하는가 궁금해 22일 오후 자전거를 타고 다시 현장에 도착하니 36팀의 사람들이 삼겹살을 굽거나 음식을 해먹는다. 휴식을 위해 나왔던 사람들은 아예 저만치 밀려나있다. 많은 돈을 들여 만든 휴식 공간이 음식을 해먹는 공간이 돼 버린 것이다.

비교를 위해 여수밤바다로 유명한 해양공원으로 갔다. 많은 사람들이 시원한 밤바다를 즐기기 위해 나왔지만 삼겹살을 구우며 음식을 해먹는 팀은 한 팀 뿐이다. 해양공원에 나온 시민들은 산책을 하거나 음식을 먹는다. 국동항 친수시설 이용자들과 다른 점이라면 음식을 집에서 해가지고 와서 도시락을 꺼내 먹으며 담소를 즐긴다. 당연히 냄새를 피우지도 않고 음식 쓰레기도 적다.

국동항 친수시설을 관리하는 여수시청 섬자원개발과 이형기 어항시설 팀장을 만나 관리문제에 관해 의견을 들었다. "섬자원개발과 4명의 직원이 여수관내 190개 어항을 관리하자니 손이 부족하다."는 어려움을 피력하는 이형기 팀장의 설명이다.

"친수시설을 만들면서 바다쓰레기를 1,800톤이나 건져 올렸어요. 바다가 깨끗해지니까 고기가 돌아오고 자연히 낚시꾼들도 많이 옵니다. 지속적으로 계도하고 관리해서 공원은 아니지만 공원과 같은 질서가 유지되도록 하겠습니다. 요리를 하는 아주머니가 야채까지 가지고와 이곳 수돗물에서 씻길래 그러면 되겠느냐고 하자 자꾸 잔소리를 한다며 면박을 주더라고요. 아무리 계도를 해도 시민의 공중의식이 문제입니다."

바다에 추락하는 사람들을 방지하기 위해 세워둔 안전망에는 '음주와 고성방가를 금하며 취사행위를 할 경우에는 10만 원 이하의 과태료를 물릴 수 있다'는 플래카드가 걸려 있다.

청소를 담당하는 직원도 "이곳에서 음식을 해먹으면 안 된다."고 계도하자 젊은이들이 "당신이 뭔데 간섭이냐."며 대들어 난감했다고 한다.

휴게공간에서 음식물을 해먹고 쓰레기를 버리는 행위는 공중도덕을 모르는 몰지각한 행위다.

내 것이라면 그렇게 했을까? 위험에 대해 분별할 줄 모르는 내 아이들이 이곳에서 뛰어놀아도 낚시 바늘을 버릴 것인가? 거금을 들여 만든 시민의 휴식 공간에 음식쓰레기를 버리고, 바다오염과 아이들의 안전을 위협하는 낚시 바늘 투기 행위는 근절되어야 한다.

(13. 09. 24)

충신 모신 오충사를 이렇게 대우해도 되나

여수시 택지개발계획에 압해정씨 종친회 이의제기

오충사 정화사업추진위원회와 압해 정씨 여수종친회가 문중 제각인 오충사(五忠祠) 주변의 택지개발 계획에 이의를 제기, 여수시에 제안을 요구했다. 하지만, 여수시는 '현안 유지' 입장을 보이고 있다.

여수시 웅천동 웅동 마을에 있는 오충사는 임진왜란 당시 이순신 장군을 따라 종군하다가 전사한 정철(충절공)·정춘(충의공)·정인(충숙공)·정대수(충정공)의 4위를 모셔 '사충사(四忠祠)'라 했다. 하지만 1864년 대원군의 서원 철폐령에 의해 철폐됐다. 오충사(五忠祠)라는 이름이 붙은 것은 1921년 웅천동에 사우를 다시 세울 때 충무공을 주벽으로 모시고 기존의 4충신을 배향한 데서 유래했다. 현재의 사당은 1938년 일제 강점기에 철거된 것을 1962년에 복원한 것이다. 앞면 3칸 단층 팔작지붕이며 신당·강당·재실 등의 부속 건물이 있다.

임진왜란 당시 순천도호부 관내 고음천(현 여수시 웅천동)에 집성촌을 이루고 살던 창원 정씨 후손들은 1593년 5월부터 1597년 4월 초까지 이충무공의 모친인 변씨 부인과 그 일가 친족들을 같은 마을에 기거케 하며 피란 생활을 보장했다.

아울러 정철과 정춘, 정인, 정대수 등은 임진왜란 초부터 충무공 휘하에 자진 종군해 의병활동을 전개, 큰 전공을 세운 해전 공신들이다. 당시 정철은 수문장으로, 정춘은 판관으로, 정대수는 부장 신분으로 모두 1등 공신에 올랐다. 또한 정인의 경우, 역시 부장으로 2등 공신에 등재됐다. '정씨4충(丁氏四忠)'이란 이름이 생긴 까닭이 여기 있다.

압해 정씨 여수종친회 "개발되면 오충사는 지붕만 보여"

1 "택지개발로 오충사 인근이 높아져 오충사가 지붕만 보이게 됐다."며 불만을 나타낸 문중에서는 "여수시장은 각성하고 오충사 민원 해결하라. 지붕만 보이는 오충사 공사 즉시 중단하라."는 플래카드를 내걸었다.

2 웅천지구 택지개발계획도. 현재 오충사를 기준으로 왼쪽으로는 종합병원이, 앞으로는 상가가 들어설 예정이다. © 여수시

3 도로변에서 오충사를 알렸던 이정표가 공사중이라 오충사 옆에 뉘어져 있다. 비석 뒤로 보이는 흙을 보면 오충사 주변부가 얼마나 돋아졌는가 알 수 있다. 흙이 쌓여있는 곳은 종합병원이 들어설 예정이다

4 오충사 주변의 택지개발 현장을 보여주기 위해 일부러 멀리서 촬영한 사진이다. 공사장 뒤 산자락에 오충사가 보인다. 주변에 종합병원과 상가가 들어서면 오충사가 안 보일 것은 불문가지다.

그런데, 여수시의 웅천지구 택지개발사업 계획이 나오자 장군들의 위패를 모시고 매년 춘추로 제향을 거르지 않았던 이순신 장군 영구보존회와 지방 유림들은 여수시 당국의 개발 계획에 문제를 제기했다.

총 280만㎡ 규모에 달하는 웅천지구 택지개발사업은 2004년에 착공해 올 연말 완공될 예정이다. 민간투자회사인 블루토피아에서 자금을 대고 여수시 공영개발과에서 사업을 진행하고 있다. 택지개발사업 지역 내에는 정씨 집성촌인 웅동·웅서 마을이 있었고 마을 주민들은 보상이 끝나 이주한 상태다. 이 웅동마을 안에 압해 정씨 문중의 조상을 모시는 제각인 오충사가 있는 것이다.

웅천지구 택지개발사업을 두고 종친회장 정채홍(78세) 씨는 다음과 같은 평가를 내렸다.

“택지개발 전 오충사 주변에는 집이 없었어요. 하지만, 공사가 들어가면서 주변 땅을 돋워 오충사는 지붕만 보입니다. 목조건물은 불·물·통풍이 잘 이뤄져야 영구 보존이 가능합니다.

선산은(개발 공사 때문에) 마구 파헤쳐져 형태가 이상하게 됐으며, 사당과 묘지 위에는 배수 콘크리트 펌프장을 만들어 산의 혈맥을 끊어버렸습니다. 또 서쪽 방풍림이 무단으로 훼손돼 산사태와 토사 유출의 우려가 있고, 우천 시 대인산에서 쏟아져 내려오는 물이 문중 제실 오충사로 오게 만들었습니다.

기존 암거수로도 다 없애버리고 조망권을 침해당해 서쪽·동쪽·북쪽에서 오충사를 바라보면 지붕만 보이게 됐습니다. 이상한 건물이 돼버렸습니다. 저희 후손들은 이 처참한 모습을 어떻게 해야 할지 모르겠습니다.”

여수시 웅천지구 택지개발사업 계획도를 보면 오충사 주변에는 종합병원과 상가 및 주차장이 들어설 예정이다. 오충사의 이미지를 고려해 일반 가벽보다 전통형 담장을 도입하고, 위락활동보다는 탐방활동 중심의 휴식시설을 갖춘 근린공원(면적 1만2,388㎡)을 만드는 것으로 설계 방향을 정했다.

문중회의 등은 지난해 12월 여수시에 민원을 제기했다. 그러자 여수시 공영개발과는 지난해 12월 27일 아래와 같은 답변(문서번호 241543)을 내놨다.

▲오충사와 좌측도로(중로2-121)는 오충사보다 약 5.0m 높게 설계되어 있으며, 현 시공은 오충사보다 약 4.0m 높게 성토되어 있는 실정입니다.

▲중로 2-121과 병원부지 계획고를 절하시키는 방안과 오충사 건물을 상승시키는 공법을 검토 결과 두 공법 모두 과도한 비용이 발생하고 공사기간도 5개월가량 소모될 것으로 판단되며, 추후 오충사 인근에 병원과 상가 건축시 현재와 동일한 조망이 예상됩니다.

▲현상태에서 약 1.0m 계획고를 낮추어 시공하는 것은 가능할 것으로 판단되며, 오충사 공원 조성시 공원앞 도로(중로1-43)에서 오충사의 전체적인 조망이 가능할 것으로 판단됩니다.

▲웅천택지개발사업 지구 내 우수배제 계획, 지하매설물 등을 고려해 유로의 방향과 관로매설위치를 결정하여 수립되었음을 알려드립니다.

이에 압해 정씨 종친회는 "여수시의 답변을 수용할 수 없다, 오충사를 현 위치에서 3미터 높여 복원해달라고 입장을 정리했다. 종친회는 지난 2월 18일 시전동에서 열린 주민간담회에 참석해 여수시에 현안을 해결해 달라고 건의했다.

여수시 "공사 다 끝나면 더 돋보일 것"

당시 여수시 도시개발사업단장은 "투자자와 협의해 보니 한옥을 올리는 데 9~10억 원이 드니 새로 짓는 게 낫다" 면서 "오충사 앞에 3,000평

규모의 공원을 조성하겠다."고 답했다. 또한 김충석 여수시장은 "오충사가 훼손되면 안 된다. 역사적 가치가 있기 때문에 그대로 있어야 해 존치시키라고 했다."면서 "오히려 (오충사를 현 위치에서 3미터) 들어올리면 역사성이 없어진다. 오충사 공사가 다 끝나면 과거보다 더 돋보이게 될 것."이라고 덧붙였다.

이에 종친회는 지난 2월 28일 문중총회를 다시 열어 "여수시의 답변은 신빙성이 없다."며 오충사 정문에 '여수시장은 각성하고 오충사 민원 해결하라. 지붕만 보이는 오충사 공사 즉시 중단하라'는 글귀가 적힌 플래카드를 걸었다.

지난 4일 문중 관계자와 함께 여수시 담당자를 찾은 정채홍(78세) 압해정씨 종친회장은 "개인 사유지도 보상하고 배려한다."면서 "충신의 사당이 이렇게 됐다면 여수시가 의무적으로 해줘야 당연한 것인데 민원을 넣어도 이런 식으로 나오나."라고 반문했다.

여수시의 답변을 들은 종친회는 "여수시의 방침대로 하면 오충사는 보존 가치가 없어지기 때문에 시의 입장을 수용할 수 없다."며 집단행동도 불사할 태세다. 애초 도시계획단계부터 오충사 주변과 인근 건물간 납득할만한 거리를 확보해 근린공원으로 개발했다면 종친회의 반발도 없었을 테고 후손들에게 좋은 역사 교육장으로 남을 수 있었을 텐데 하는 아쉬움이 남는다. (14. 03. 06)

다시 보는 <나무를 심은 사람>

30분에 담은 37년의 기적과 감동

지난 19일 오후 2시, 전남 여수북카페 '트립티'에서 영화감상 프로그램이 진행됐다. '트립티'는 산스크리트어로 식후에 말하는 '참 좋다', '맛있다'라는 감탄사이다. 트립티는 공정무역을 통해 들여온 유기농 커피를 맛있게 마시길 바라는 마음으로 네팔 이주노동자들이 지어준 이름이다.

차성수 전남대학교 교수가 작품해설을 맡은 영화는 상영시간이 30분밖에 걸리지 않는 짧은 영화였다. 하지만 강렬한 여운을 남겼다. 1895년 프랑스 남부의 가난한 집안에서 태어난 작가 '장 지오노'의 말이다.

"우리의 궁극적 목표는 살아가는 것이고, 우리는 그것을 매일 하고 있다. 따라서 순간순간을 살아가는 일이 진정한 삶의 목표라는 사실을 망각하면 안 된다. 하루하루는 과일이며, 우리의 역할은 그 과일을 따 먹는 것이다."

1953년 미국 잡지<리더스 다이제스트> 지에 발표된 책 내용은 한 늙은 양치기의 외로운 노력으로 프로방스의 황무지가 새로운 숲으로 탄생하고, 그로부터 자연이 회복되어 희망과 행복이 되살아나는 과정을 그린 이야기다. 영화를 시작하기 전 차성수 교수가 입을 열었다.

"제 집이 순천입니다. 기차를 타고 여수역까지 오는 동안 차에서 반가운 사람을 만났습니다. 20년 전에 신문을 배달했던 분(75세)을 만나 이야기를 하면서 50년 동안의 스토리가 머릿속에 떠올랐습니다. 지극히 평범한 한 분의 얘기도 이렇게 의미가 있구나 하는 생각을 했습니다."

한 사람이 만들어 내는 차이

차 교수가 참가자들에게 수수께끼를 던졌다. "시드니 세튼, 프란체스코 스케티노, 이준석, 이 세 사람의 공통점이 무엇일까요?" 참석자들이 공통점을 알지 못하자 차 교수가 이미 널리 알려진 이야기라며 세 사람에 관해 설명했다.

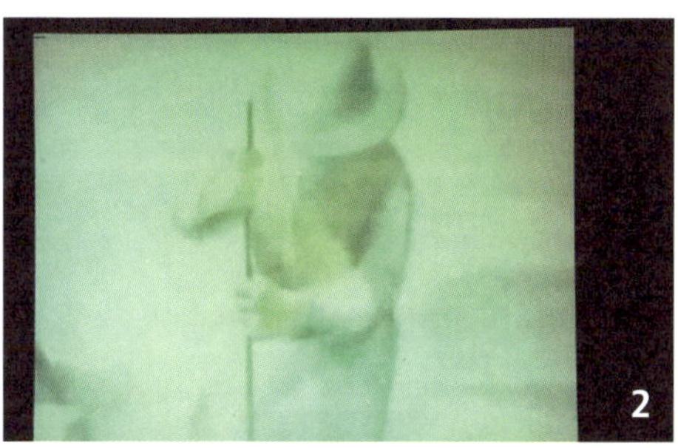

1 여수북카페 트립티에서 영화를 해설한 차성수 전남대학교 교수

2 영화 <나무를 심은 사람>에서 황무지에 혼자서 10만 그루의 나무를 심은 엘제아르 부피에 노인의 모습

3 여수북카페 트립티에서 행사가 진행되는 모습

4 엘제아르 부피에가 황무지에 나무를 심기 시작한 지 37년이 지난 후 마을에는 1만 명의 주민이 돌아오고 농사를 지을 수 있는 행복한 마을이 되었다

1852년 영국 해군 수송선 버큰헤이드호는 남아프리카로 가던 중 케이프타운 66km 전방에서 암초에 부딪혀 침몰했다. 사고 당시 승객은 630명이었지만 구명보트는 단 세 척뿐. 180명밖에 구조될 수밖에 없는 상황이었다.

선장이자 사령관 시드니 세튼 대령은 "여자와 어린이부터 태워라."라고 명령하면서 병사들에게 부동자세로 갑판에 서 있게 했다. 이어 여자와 아이들은 3척의 보트에 나눠 탔다.

세튼 대령의 명령에 군인들은 끝까지 부동자세로 움직이지 않았고, 구명보트가 버큰헤이드호를 떠났다. 결국, 세튼 대령 포함 436명의 군인은 그대로 배와 함께 수장됐다. 이후 '버큰헤이드호 전통'은 각종 해상 사고에서 불문율로 자리 잡았다.

2012년 1월 13일, 치비타베키아 항구를 출발해 승객 3,216명 및 선원 1,013명, 총 4,229명을 태우고 항해하던 코스타 콩코르디아호가 티레니아 해의 토스카나 제도의 질리오 섬 인근에서 암초와 충돌한 뒤 선체가 점점 기울기 시작하다가 전복되어 침몰했다.

선장 프란체스코 스케티노를 포함한 일부 선원들은 승객들을 배에 남겨둔 채 승객들과 배를 포기한 후 먼저 대피하려고 시도하다가 이탈리아 경찰에 체포됐다. 세월호 침몰 사고로 먼저 탈출한 선장 이준석은 말할 필요가 없다. 차 교수가 세 사람을 언급한 이유를 말했다.

"똑같이 비슷한 상황에 부닥쳤지만 한 사람 리더십의 힘이 얼마나 큰가를 보여줄 수 있는가를 시사하기 위해서 이 수수께끼를 던졌습니다."

37년 동안 씨앗을 심어 이룬 기적

이어서 1987년 프데데릭 백 감독이 제작해 1988년 아카데미 최우수 단편 애니메이션 앙시 페스티벌 그랑프리를 수상한 영화를 감상했다.

이 영화는 나무가 사라져 황량한 사막으로 변모한 베르공 마을에 주인공이 방문하면서 시작된다.

숯을 구워 생계를 유지하면서 살아가던 마을은 떠나지 못한 주민 몇 명과 12채의 가옥만 남아 있을 뿐이었다. 주인공은 그곳에서 양을 키우는 '엘제아르 부피에'라는 노인을 따라 황무지로 나갔다. 엘제아르 부피에는 황무지에 매일 같이 너도밤나무 씨앗을 심고 있었다.

그가 1910년에 나무를 심기 시작해 37년이 지난 후 황폐했던 마을에 향기롭고 부드러운 바람이 불고 있었다. 그 기간 마을은 제1·2차 세계대전을 겪었다. 하지만 그가 심었던 10만 그루의 나무 중 2만 그루가 살아났다. 엘제아르 부피에는 나무에 피해를 주지 않기 위해 양 4마리만 남기고 대신 벌을 키우기 시작했다.

시간이 지나며 마을에는 물이 흐르고 주민 1만 명이 돌아와 농사를 지으며 행복하게 살게 됐다. 아무도 도와주지 않고 말대꾸해줄 상대가 없어 말하는 법도 잊었던 엘제아르 부피에는 신이 내린 일꾼이었다. 1만 명 이상의 사람들에게 행복을 찾아준 그는 신만이 할 수 있는 일을 해냈다.

황무지에 푸른 숲을 남기고 평화로운 고독 속에 눈을 감는 엘제아르 부피에는 물질의 노예가 된 현대인들에게 참된 행복과 진정한 성공이 무엇인가를 곰곰이 되새겨보게 하는 영화다.

차 교수는 "인간이 인간에게 늑대인 존재(Homo Homini Lupus)인 이 시대의 3가지 화두는 이기심과 잔혹한 폭력, 비도덕"이라며, "돈과 이기심, 출세, 집단이익, 행복만 추구하면 공동선은 누가 지킬 것인가?"라고 물으며 강의를 끝맺었다.

(16. 01. 24)

여수 1923, 그냥 밥집은 아니네요

다문화레스토랑 운영했던 회원들이 중심이 된 협동조합 식당

며칠 전 지인과 식사를 하기 위해 여수시 공화동 B식당에 예약하겠다고 하자 "여수1923"으로 가자는 답장이 돌아왔다. "그게 뭔데요? 식당 이름이요?" 하고 물었더니 "여수에서 열심히 활동하면서 그것도 모르느냐."는 핀잔이 돌아왔다.

식사를 마치고 "잘 아는 곳에 가서 차나 한잔 하자."는 제안에 '여수1923' 식당 앞을 지나갈 때 지인이 "이곳이 바로 내가 가자고 말했던 곳입니다." 라며 안으로 들어가 회원들께 인사를 시켜줬다. 간판을 보니 식당이라는 생각이 전혀 들지 않는다. 카페, 찻집? 궁금해하며 안으로 들어가니 대표부터 서빙하는 직원들은 이미 잘 아는 분들이다.

깔끔하게 정돈된 분위기에 정갈하게 준비된 음식을 맛있게 먹는 여행객들 대부분이 여수를 찾은 외지인들이다. 서울, 광주 등 외지인들에게 "이곳을 어떻게 알았느냐?"는 질문에 "블로그를 보고 일부러 찾아왔다."는 대답이 돌아왔다.

'여수1923' 식당은 2010년부터 여수 지역의 다문화결혼이주여성들과 함께 다문화 레스토랑인 '리틀아시아'를 운영했던 '수-레인보우' 출신들이 주축이 되어 협동조합을 결성해 운영 중인 식당이다.

다문화결혼 이주여성들과 함께 한 협동조합식당

회원들은 지역사회 내 여성결혼이민자들의 경제적 자립을 지원해오던 활동가들로 다문화가족들과 직간접적으로 연관을 맺고 있다. 여수엑스포가 열리기 전 시작했던 '리틀아시아' 식당은 운영의 한계에 부딪혀 어려움을 겪어 왔다. 그러던 중 정태균 여수 관광두레 PD를 만나 여수 관광두레 주민사업체로 활동을 시작했다.

1 다문화결혼이주민 여성을 돕던 '여수 레인보우 협동조합'회원들이 설립한 '여수1923'식당 모습. 1923년에 여수항이 개항한 것을 기념해 지은 이름이다.

2 여수식당에서 나오는 음식. 왼쪽은 여수민들이 주로 먹던 돼지고기 간장조림이 주메뉴인 동정정식, 가운데는 삼삼한 간장게장을 맛볼 수 있는 여수정식, 오른쪽은 해산물돌솥밥이 주 메뉴인 서정정식 모습이다

3 서울에서 여수 여행왔다는 젊은 남녀가 여수1923식당에서 세 가지 음식을 주문해 먹으면서 "맛있다!"고 말했다

4 식당벽면에는 1930년대 여수항 모습이 게시돼 있다

5 1923년 여수항 개항당시 모습을 배경으로 서있는 유남이(왼쪽) 씨와 직원 모습

손님들 대부분이 외지인인 이유가 있다. 이곳은 여수엑스포역에서 10여 분이면 닿을 수 있는 가까운 거리로 게스트하우스가 밀집된 곳이다. 때문에 여수를 여행하고픈 사람들이 게스트하우스거리로 몰리고 식사시간이 되면 자연스레 주변 식당가를 찾는다.

회원들은 식당을 오픈하기 전에 이태원 경리단길에서 20여 개의 식음 사업체를 운영하며 '장진우 거리'를 만들어낸 청년 창업가 장진우 씨를 만나 매장 콘셉트와 메뉴개발 과정에 대한 자문을 받았다. 회원인 유남이 씨가 장진우 멘토가 충고해줬던 이야기를 들려줬다.

"'여수의 것' 그대로를 보여주는 것이 가장 중요해요. 특히, 여수에 남아 있는 근대화의 유산에 집중하세요. 오래된 것, 고리타분한 것이라고 생각될 수도 있지만 역설적으로 젊은 감각을 살릴 수 있는 콘텐츠이기도 하거든요. 여수항이 개항한 해가 1923년이니까 식당 이름도 '여수1923'으로 하세요."

회원들은 여수에서 맛볼 수 있었던 맛을 재현하기 위해 수없이 레시피를 수정해가며 메뉴를 완성해나갔다. 그 결과 삼삼한 간장게장을 맛볼 수 있는 여수정식, 1900년대 초 여수 주민들이 자주 해먹던 돼지고기 간장조림이 메인인 동정정식, 해산물돌솥밥과 함께 즐기는 서정정식, 색다른 향과 맛이 담긴 여수막걸리를 곁들인 섬 주안상을 주 메뉴로 선정했다.

여수정식에는 봄동, 파래, 고시래기, 냉이, 마른새우, 멸치, 서정정식에는 문어, 새우, 홍합이, 동정정식에는 삼겹살과 간장조림 등이 정갈하게 나와 여행객들의 구미를 돋운다. 때마침 서울에서 여수여행 왔다는 젊은 남녀 여행객들에게 음식 소감을 들었다.

"음식이 정갈하고 맛있어요. 인터넷에서 건강한 식당으로 알려져 있습니다."

6명으로 구성된 회원들은 조미료를 전혀 사용하지 않고 신선한 식재료를 공급하기 위해 매일 아침 시장에서 구입한 제철 재료를 활용해 건강한 밥상을 제공하기로 했다. 벽에 걸린 사진을 보면 1930년대 회갑맞이, 성묘행렬, 여수해녀들의 모습이 그대로 게시돼 입뿐만 아니라 눈까지 즐겁게 한다. “돈이 모아지면 다문화가정을 돕는 데 일조하겠다.”는 유남이 씨에게 아쉬운 점과 보람을 물었다.

“하고 싶은 것은 많은데 돈이 부족해서 아쉽습니다. 음식을 드신 손님들이 너무 맛있다고 말해줄 때 보람을 느낍니다. 또한 여수 음식을 알린다는 데 보람을 느낍니다.” (16. 02. 24)

[보도 후] 쓰레기통 폐선박이 달라졌어요

'방치된 국동항' 보도 한 달 뒤 깨끗이 정리

한 달 전 <오마이뉴스>에 '미항' 여수인데, 쓰레기 가득한 국동항 폐선' 보도 이후 26일 새벽 산책차 국동항에 들러서 사진 속 폐선을 살펴보았다.

여수시 국동에 위치한 항구는 다기능어항으로 방파제, 물양장, 주차장, 편의시설, 수변공원 등의 시설(총 1,284,341㎡, 육역 250,020㎡, 수역 1,034,321㎡)을 갖추고 있다. 여수시에서는 항구를 관리하기 위해 관리원 4명과 공공근로 4명을 배치했다.

어업과 관광, 휴식 공간 등 다기능으로 활용되고 있는 국동항에는 하루 평균 3천여 명이 이용한다. 이날 아침 산책길에 본 국동항 주변과 폐선은 깨끗하게 청소되어 상큼한 기분이 들었다.

당시 폐선 위에는 폐깡통, 이불, 종이박스, 문짝, 모자, 헬멧, 일회용가스레인지 등 온갖 쓰레기가 뒹굴고 있었다. 3년 전부터 방치된 폐선을 "사유재산이라고 해서 처치하지도 못하고 물 속에 가라앉기만을 기다려야 한다."는 어처구니없는 법규정과 행정에 분노해 여수시 담당부서를 찾아가 '대책을 마련해 달라'며 글을 썼다.

담당자는 '법절차에 의거해 최선을 다해 조치하겠다'고 답했다. 10여

일 후 여수시에서는 다음과 같은 발표를 했다

"국동항 청소인력을 12명으로 늘려 대대적인 쓰레기 수거작업에 나서겠다. 오랜 기간 항구에 정박해 있는 방치 선박을 제거하고, 어항내 소규모 시설물을 개보수하는 한편 낚시 통제구역을 지정해 안전관리를 지속적으로 강화하겠다."

폐선뿐만 아니다. 폐선 주위를 벗어나 100여 미터를 가니 대형어선에서 사용하다 항구 주변에 방치한 것으로 여겨지는 철구조물에도 계고장이 붙어 있었다. 4월 15일 여수시장 명으로 붙여진 계고장 내용이다.

"어촌, 어항법 제45조(금지행위)에 의거 누구든지 정당한 사유없이 어항구역에 장애물을 방치하거나 폐선을 방치해서는 아니되나, 본 적치물은 어항구역을 무단점유하고(방치되고) 있어 어항시설의 효용을 저해하고 경

1 한달 전 국동항에 방치됐던 폐선 모습

2 <오마이뉴스>에 보도된 폐선으로 깨끗이 청소되었다

3 국동항에 방치된 불법 철구조물에는 4월 20일까지 철거하라는 계고장이 붙어있다

관을 훼손하고 있으므로 소유자는 4월 20일까지 철거 또는 이전하여 주시길 바랍니다."

만약 위 기간 내에 계고한 사항을 이행하지 않을 경우 직권 제거조치와 더불어 고발조치하고, 무단 사용한 기간에 대해 과태료를 부과하겠다는 내용이 붙어있었다. 사진 속 불법 철구조물은 시한인 4월 20일이 넘었기 때문에 과태료를 부과해야 한다. 만시지탄이지만 보도 이후 조치를 다하고 법절차에 들어간 시당국에 감사드린다.

(16. 04. 26)

리츠메이칸 대학 서승 교수

동아시아 평화의 위기

원불교 100주년·원광대학교 개교 70주년을 맞아 원광대학교에서는 '종교·문명의 대전환과 큰 적공'이라는 주제의 국제학술대회(4. 28~30일)가 열렸다. '정치의 대전환' 세션에서 리츠메이칸 대학에서 정년퇴임한 서승 교수의 '동아시아 평화의 위기, 무엇이 문제인가'라는 강의와 토론이 있었다. 제1주제 진행을 맡은 원광대학교 이재봉 교수가 말문을 열었다.

"예나 지금이나 평화통일 주장하면 빨갱이로 몰립니다." 서승 교수는 동생과 함께 서울대학에 유학해 평화통일 주장하다가 간첩으로 몰려 19년 동안 복역한 분입니다. 고문이 너무 힘들어 난로를 뒤집어 써 온몸이 녹아 내렸습니다."

서승 교수가 일그러진 얼굴로 강의하기 위해 연단에 올라간 순간 나는 형용할 수 없는 감정에 휘말렸다. "고문이 얼마나 힘들었으면 저렇게까지 됐을까." 생각하며 더욱 주의 깊게 서 교수 말을 경청했다.

북한은 지난 1월 6일 4차 핵실험을 하고 2월 7일 인공위성을 발사했다. 이에 대한 국제사회와 한국의 대응이 엄중해졌다. 유엔제재 결의, 개성공단 폐쇄, 사드배치 표명, 사상 최대 한미군사훈련인 '키리졸브'에서는 북한 상륙훈련까지 실시했다.

이에 대항해 북한도 해안방어훈련과 핵탄두 소형화 과시, 5차 핵실험 시사에 이은 미사일 발사 등으로 한반도 대립과 긴장은 어느 때보다 고조되어 있다.

인권의 관점에서 바라 본 동아시아 평화의 위기는 무엇일까?

1991년 소련이 붕괴되면서 냉전이 종결됐다고 하지만 한반도와 동아시아에서는 냉전이 지속되고 있다. 체제생존을 내건 북한이 핵과 미사일개발을 본격화하자 한반도와 동아시아에서는 북방 3각 동맹(중국, 러시아, 북한)과 남방 3각 동맹(남한, 미국, 일본)의 대립으로 신 냉전이 계속되고 있다는 것. 서 교수는 북핵 문제의 밑바닥에 한반도 분단이 있으며 그 원인 제공자로 일제의 식민지 지배를 들었다.

1 리츠메이칸 대학 서승 교수가 원광대학교에서 열린 국제학술회의에서 '동아시아 평화의 위기, 무엇이 문제인가?'라는 주제 강의를 하고 있다

2 원불교 100주년과 원광대학교 개교 70주년 기념 국제학술대회 제2세션 '정치의 대전환' 회의장 모습

3 서승 교수의 발제에 이은 토론이 열렸다

문제를 남긴 역사인식

“역사인식이란 역사적인 사건들에 관한 기억과 정체성에 관한 문제이자, 역사적 사건들에 대한 평가.”라고 정의 내린 서 교수는 “아편전쟁 이후 동아시아 평화에 대한 가장 큰 위협은 제국주의의 침략과 전쟁, 노예화, 식민지화에 기인되는 것.”이라고 지적했다.

“가해자인 일본이 과거청산을 해야 동아시아의 협동이나 화해가 가능할 것인데 일본은 그렇지 못하고 이웃나라와 갈등과 대립을 재생산해왔다.”며 미해결문제로 야스쿠니신사, 교과서, 난징대학살, 강제연행과 강제노동, 일본군위안부 문제에 이어 영토문제를 들었다.

보편적 인권문제로 인식하지 않는 아베의 위안부 한일합의

12월 28일 위안부 합의에 대해 박근혜 대통령은 “지난 어떤 정부도 제대로 다루지 못한 어려운 문제에 대한 최상의 것을 받아낸 것.”이라고 자평했다. 한편 일본에서는 “한일관계의 걸림돌이 제거되었다.”며 환영했다. 서 교수는 일본의 분위기를 전하며 비판의 논점을 조목조목 지적했다.

> ▲당사자인 할머니들의 동의나 사전협의 없는 일방적 합의 ▲국민들의 여론수렴 없음 ▲일본군 관여 인정과 일본 정부 공식사죄, 일본정부의 피해보상 요구도 얻지 못함 ▲법적효과 의문 ▲외교적 패배 ▲보편적 인권의 상실 ▲역사교과서 명기 문제 빠짐 ▲아베정권의 진정성 의문

“위안부 합의 배경에 미국의 강력한 개입이 있다.”고 주장한 그는 “한미일동맹을 구축하기 위해 한일관계의 장애물인 위안부문제를 해결하도록 미국이 강력한 압력을 행사해왔다.”고 주장했다.

정치에 종속된 인권문제

결국 한국은 치욕적으로 굴복해 명분없이 일본에 양보했을 뿐만 아니라 한중관계를 훼손하면서까지 중국 포위에 앞장서게 되어 사드 구입까지 약속했다고 한다. 서 교수는 영국의 가디언(The Guardian)지의 보도내용도 곁들였다.

"이번 합의가 오바마정부의 지속적이고 때로는 직설적인 압력의 결과라고 진단하면서, 승리자는 일본과 함께 미국이다." 서 교수는 미국의 책임을 날카롭게 지적했다. 미국은 시대착오적인 냉전논리를 불러내 한미일동맹의 당위성을 강조하기 위해 북한을 표적으로 하면서, 중국 견제에 정조준하고 동북아의 군사긴장을 유지해, 미국 군산복합체의 이익을 도모함과 동시에 한미일동맹을 이용해 패권 관철을 위한 도구로 삼으려하고 있다는 것.

제2차 세계대전 후 전범국가 독일과 일본에 대한 미국의 점령정책은 미국 국익의 실현이었으나 독일과 일본에 대한 점령정책은 달랐다. 일본에 대해서는 천황의 전쟁책임을 면책해 구 체제에 대해 관용한 반면, 독일은 과거청산을 최우선과제로 삼고 나치의 전쟁책임을 추구했다.

그 결과 소련 사회주의 진영과 대치하기 위해 서독을 재무장시켜 나토의 중핵을 담당하게 했다. 한편, 일본에 대한 정책은 '일본군 해체, 비군사화'였다.

서구사회가 주창했던 인권의 얼굴, '문명과 야만'의 이중 잣대 제국주의

역사적으로 개인의 자유와 평등을 주장한 서구사회가 일단 서구사회를 벗어나자 그 원리를 잊어버리고 부정하고 만다. 서승 교수가 힘주어 말했다.

"인권은 평등이며 국가권력에 대한 대항수단입니다. 서구인들에게는 평등과 자유를 내세웠지만 비서구국가인들은 사람 취급하지 않았습니다.”

서구 산업자본주의가 제국주의의 탈을 쓰고 비유럽 세계의 지배자로, 착취자로 팽창해 나갈 때 인권에 대한 보편주의는 사라지고 ‘문명과 야만’의 이중 잣대를 구실로 정당화시킨다.

서 교수는 조선총독부의 사례를 예로 들었다. 조선총독부는 방대한 조사사업을 통해 조선인의 열등성, 후진성, 형질적 결함을 증명해 미개함과 야만성을 발견하고 실증하려고 했다. ‘지배는 차별이고 차별은 지배’이기에 명치 이후 동아시아 지역에서의 일본의 패권확대 과정이 인종주의와 민족우월론의 유포와 그 과정이었다. 그 결과 난징대학살로 상징되는 35만 명에 달하는 제노사이드 범죄를 저질렀다.

일본이 제2차 세계대전의 패배를 계기로 동아시아 평화에 대한 가해를 청산하고 동아시아 민중들로부터 빼앗은 생명과 재산, 권리에 대한 원상회복이라는 역사청산요구는 미국과 세계 기득권자들의 옹호에 힘입어 철저히 외면해왔다.

“6·25전쟁을 종결짓고 한반도 평화를 확립하기 위한 평화협정 체결이 불가피한데 이에 대한 미국의 자세는 초강대국의 오만이 드러나 보인다.”고 주장한 서 교수는 “우리가 식민지가 되어 분단되고 핵문제가 불거져 나오고 동아시아 평화위기의 한 가운데 있는 것은 세계와 동아시아의 역사적인 구조에 기인한다.”고 말했다. 서승 교수가 해법을 제시했다.

“문제는 서구중심, 제국주의 중심의 역사를 어떻게 극복하느냐는 문제다. 문명국들이 노예제와 식민지지배에 대한 책임을 인정하고 역사청산을 통해 인권과 평화의 보편성에 다가설 필요가 있습니다.”

(16. 05. 03)

여수 용기공원은 협치의 성공사례

새들이 지저귀고 녹음이 우거진 용기공원을 찾아서

'협치'란 민과 관이 함께 협력하여 문제를 해결하는 정책과정을 말한다. 시민의 입장에서는 각종 정책 결정과 실행과정에 직접 참여하는 것이고, 행정의 입장에서는 공공정책 과정에 시민의 참여를 촉진함으로써 공공정책의 효과를 높이는 일이다.

전남 여수시청 뒤편에는 협치의 성공사례를 보여주는 용기공원이 있다. 여수시청에 들렀다가 주차장 뒤편에 있는 용기공원에 올랐다. 높이 50여 미터의 야트막한 용기공원으로 올라가는 길에는 깔끔한 데크가 깔려 있고 신록의 나무들 사이에서는 새들이 지저귄다.

아름드리 소나무와 참나무를 칭칭 갈아 올라가는 담쟁이 넝쿨 때문인지 시가지 건물이 거의 안 보인다. 그러나 자세히 보면 높이 솟은 나무 사이로 이순신 장군이 거북선을 건조했던 선소가 보이고 장성마을도 보인다. 여기가 과연 여수 중심지가 맞나? 깊은 산속에 온 것 같은 청량감이 온몸을 휘감는다.

산책로를 따라 걷다보면 야외공연장 앞에 야생화단지가 조성되어 있다. 구절초, 꽃창포, 두메부추, 맥문동, 범부채, 부처꽃, 수선화, 원추리, 은방울 꽃 등의 야생화들이 사람들을 반긴다. 산책로를 따라 다리를 절며 열심히 운동하는 할머니(74세) 한 분을 만나 용기공원에 자주 오는가와 산책로를 따라 운동하는 소감을 물었다.

"좋지요. 우리 집은 거북공원 바로 옆에 있어요. 전에는 거북공원 주위를 돌며 운동했는데 요즘은 나이든 노인들이 모여 담배를 피우고 시끄러워서 잘 안 가고 용기공원으로 와요. 조용하고 높지 않아 다리에 부담도 안 주고 울창한 숲속에서 우는 새소리도 들려 아주 좋아요. 아침과 낮에는 사람들이 많이 옵니다."

잔디마당을 지나 공원 정상에 가면 아담한 기와집 정자인 '만월정'이 있다. '달이 가득찬다'는 의미의 만월정에는 역사적 사실이 숨어있다. 용기공원 서쪽으로 1km쯤 떨어진 안심산 아래에는 고려가요 <동동>의 유래가 됐던 장성(당시 장생포) 마을이 있다.

고려 말, 왜구가 남해안을 자주 침범하면서 장생포마을을 유린할 때 유탁 장군이 왜구를 물리치고 '둥둥둥' 승전고를 울렸던 장성마을. '승전한 유탁 장군은 용기공원 정상에 남쪽바다를 바라보고 만월정을 지었다'는 옛 기록이 있다.

아름다운 용기공원, 하마터면 2,300대가 주차하는 주차장이 될 뻔했다.

개를 데리고 산책하던 아주머니와 할머니한테 "아름다운 용기공원이 잘못했으면 2,300대가 들어갈 주차장 될 뻔했어요." 하자, "말도 안 돼요."라는 답변이 돌아왔다. 두 분에게 자초지종을 설명하자 "정말 잘 했네."라며 반색하는 할머니가 "정치인들은 보이는 것만 하려고 하고 서민의 생각은 신경 안 써요."라고 덧붙였다.

지난 2010년 11월 중순. 여수시장은 여수시의회 본회의(129회)에 주차장 예산안 48억 원을 상정했다. 여수박람회를 대비해 용기공원을 없애고 주차장을 세우겠다는 것이었다. 구체적으로는 세계박람회를 앞두고 원활

1 여인의 조각상 뒤편에 만월정이 보인다

2 야생화단지 뒤편에 야외공연장이 보이고 울창한 숲 사이에는 산책로가 마련되어 시민의 사랑을 받고 있는 용기공원

3 울창하게 우거진 숲 사이에 난 산책로를 따라 한 시민이 산책하고 있다

4 울창하게 우거진 나무들을 휘감고 올라가는 담쟁이 덩쿨. 사진만 보면 깊은 산속이라는 생각이 들 정도다

5 건너편이 여수시청이고 뒤편에 주차장이 보인다. 이 아름다운 공원을 밀어버리고 2,300대의 차가 주차했다면 얼마나 황량했을까?

6 소나무가지 사이 건너편에는 이순신 장군이 거북선을 건조하고 정박했던 선소와 굴강이 보인다

한 교통소통, 박람회장과 연계한 환승 주차장을 마련하고 여수시청 주변의 주차난을 해소한다는 목적이었다.

이에 여수시민사회단체연대회의가 강력한 반대를 표명하고 성명을 발표했다. 대안 마련에 나선 시민사회단체연대회의는 "자가용 중심의 도로 정책보다는 극심한 불법 주정차와 2중 주차를 단속하고, 자전거 이용 활성화 대책을 마련할 것과 버스우선 통행을 위한 저탄소 중심의 도심 교통 체계를 구축하라."고 주문했다.

여수시 집행부의 강력한 추진의지에 시민단체는 지역 국회의원에게 공개질의서 보내기, 1인시위, 나무에 이름표 달기, 보물찾기, 소나무 둘레 알아맞히기, 용기공원 보존 시민 봄소풍 대회 등을 열며 맞불을 놓고 반대 여론 조성을 위해 노력했다.

시민단체들은 여수시의회 본회의 통과와 추경예산안 통과 등에도 굴하지 않고, 15회에 걸친 성명 발표와 보도자료를 발표했다. 시민단체와 여수시 집행부와의 기나긴 싸움은 시장과 시민단체 대표와 면담(2011년 8월 24일)을 거치면서 중단되는 듯했다. 하지만, 여수시가 '용기공원 조성사업 전면 중단 아니다'라는 보도자료(2011년 8월 30일)를 발표해 시정에 대해 극심한 불신을 갖게 했다.

설왕설래하던 용기공원 주차장 사업은 여수시가 '용기공원을 생태공원으로 조성한다'는 내용의 보도자료(2011년 9월 26일)를 내면서 최종적으로 결론을 지었다. 이후 2012년 5월 1일, 멋진 공원으로 다시 탄생했다.

시민의 사랑을 받고 있는 용기공원이 없어지고 2,300대의 자동차가 들어찬 주차장이 됐다면 어찌됐을까를 생각하면 아찔하다. 3년에 걸친 시민단체와 시의회 및 집행부의 줄다리기는 상호간 의사소통을 통해 아름다운 결말을 맺었다. 용기공원은 협치가 얼마나 중요한가를 보여준 성공 사례다.

(16. 05. 10)

시집 온 지 70년 됐는데, 이런 물난리는 처음이여!

폭격 맞은 듯한 농가… 곡성 마을 호우 피해지를 가다

"내가 오지리에 시집온 지 70년이 됐는데 이런 물난리는 처음이여! 요렇게 큰물이 날지 알았으면 먹을 것이라도 챙겼을 텐데…"

지난 11일, 필자의 고향집에서 대문을 마주보며 살던 깨복쟁이 친구 어머니의 말씀이다. 올해로 86세인 친구 어머니(위엽분)는 물이 들어온다는 방송을 듣고 입을 것만 걸치고 마을회관으로 피난을 갔다가 물이 허리까지 잠기자 지대가 높은 오곡면 종합복지센터로 자리를 옮긴 뒤 숙식을 해결하며 지낸다. 친구 어머니는 날이 밝자 휴가를 내 찾아온 아들들과 함께 집을 복구하고 있었다.

고향 집 앞에는 수해를 입은 가재도구며 생활용품이 산더미처럼 쌓여 있었다. 폐기 처분을 위해 내놓은 물품의 품목도 다양하다. 세탁기, 대형 냉장고, 장판, 매트리스, 책, 장롱, 이불, 옷가지, 책상, 의자 등등.

곡성 주민들 "수자원 공사 원망해"

필자의 고향 집은 기차마을 바로 아래에 있는 곡성군 오곡면 오지리로 섬진강 변에서 약 1km쯤 떨어져 있어 홍수 걱정은 안 하고 살았다. 필자가 어린아이였던 때(약 55년 전쯤), 장대비가 억수같이 쏟아지던 어느 날

명산저수지가 터진다는 방송을 듣곤 높은 지대인 당산으로 피난을 간 적은 있었다. 그런데 이번엔 물이 동네를 덮쳤다. 더구나 허리까지 물이 찼다는 얘기를 듣고 기가 막혔다.

어릴 적 뛰어놀던 마을 곳곳을 돌아보다가 집안에서 폐기할 물건을 내다 버리던 고향 선배를 만나 인사하며 취재차 왔다고 했더니 선배가 목소리를 높였다.

"수자원 공사가 일기예보를 듣고 물을 미리 방류했더라면 이런 물난리가 없었을 텐데. 세금으로 월급 받아먹는 사람들이 도대체 뭐 하고 있는지 모르겠어. 섬진강댐에서 하루에 200톤만 방류하던 물을 일시에 1,800톤을 방류했으니… 주암댐물이 압록에서 합류하자 역류해 동네가 침수됐네."

한국수자원공사 섬진강댐 방류단은 지난 7일 오후 호우경보가 발령되자 초당 400톤을 방류했다. 하지만 계속 수위가 오르자 8일에는 1,869톤의 물을 방류했다. 평소 200톤 물을 방류하던 섬진강 유역에 9배의 물이 쏟아지자 감당할 수 없는 사태가 벌어진 것이다.

선배는 육두문자를 퍼부으며 수자원 공사를 성토했다. 동네에서 만난 대부분의 지인도 마찬가지였다. 섬진강과 보성강이 만나는 지점인 압록은 곡성에서 10km 이상 떨어져 있다. 그러나 승용차를 타고 여수에서 고향 마을을 방문하기 위해 올라오는 섬진강 강변 도로변 방책에는 쓰레기들이 걸려있었고 여러 곳에서 도로보수공사를 하고 있었다. 물이 도로를 덮쳤다는 얘기다.

고향 집 인근 도로변에는 소식을 듣고 휴가를 내 외지에서 달려온 친지나 자제들의 차가 즐비하게 주차되어 있었고 너도나도 물에 젖어 못 쓰게 된 가재도구를 치우느라 땀 흘리고 있었다.

카메라로 이곳저곳을 촬영하다가 선배인 고병렬 씨를 만났다. 선배 집

1 필자가 살았던 고향집 앞에는 폐기해야할 가재도구들이 산더미처럼 쌓여있다

2 물난리 소식을 듣고 외지에 나가있던 지인들이 휴가를 내고 달려와 폐기해야할 가재도구들을 쌓아놓고 있다

3 섬진강변에서 과수를 재배하는 농민의 관리동이 마치 폭격을 맞은 것처럼 보인다

4 물에 젖은 가재도구를 씻는 모습. 고향집 대문 바로 건너편에 사는 깨복쟁이 친구집에는 휴가를 내고 찾아온 친구 형제들의 손길이 바빴다

5 고향마을인 오지리에 홍수가 들이닥친 모습을 드론으로 촬영했다. 홍수 난 당일 모습을 지인이 촬영해 전송해줬다. © 오성섭

6 쓰레기들이 도로 방책에 걸려있고 근로자들이 도로를 복구하고 있었다. 도깨비마을 인근 도로 모습이다

을 찾아가 제품을 보관하고 있던 냉장고를 살펴보니 안에 들어 있던 물건은 모두 폐기 처분할 수밖에 없었다. 그가 입을 열었다. 선배는 <새환경신문>에 글을 기고하고 있다.

"물이 전라선 철길로 이어지는 제방을 넘지는 않았지만 철길 밑으로 난 도로를 통해 들어왔고 오지리 당산쪽 2구 제방이 낮아 마을이 침수됐네. 홍수에 대비해 철길 밑 도로에 개폐 시설을 만들어야 한다고 생각해. 제방 높이도 1~2미터 올려야 해. 섬진강댐은 평소에는 물을 가둬 섬진강 하류에 사는 주민들에게 고통을 주고 정작 홍수로 물을 가둬야 할 때 방류해 이중으로 고통을 주고 있네. 이번 기회에 항구적인 대책을 세워야 한다고 생각해."

오지리에서도 가장 피해가 심한 당산쪽 2구로 접어들자 광주전남 적십자사 직원 4명과 자원봉사자 5명이 구슬땀을 흘리며 빨래를 하고 있었다. 이불과 옷가지를 세탁하는 차량에서는 7대의 대형세탁기가 돌아가고 있었다.

하천변에 가득 쌓인 폐기물을 뒤로 하고 예쁜 기와집이 있는 곳으로 다가가니 빨래와 책 그림들을 넓은 마당에 널어 말리는 집이 있었다. 관심이 있어 집으로 들어가 인사를 하니 고위 공직에 있다 퇴직해 고향마을에 내려온 선배다.

미술에 관심이 있는 그는 공직에 재직할 동안 틈나는 대로 그림 공부를 한 후 퇴직해 대한민국 신상미술대전에서 특선, 미국 센트럴 플로리다 미술 공모전 입선 등의 경력을 가졌다. 그가 소장한 책 중에는 19세기에 발행했던 책과 조봉암, 하남호 등의 명망가 유작이 있었으나 모두 수장되어 폐기되어야 할 운명에 처했다.

고향마을을 돌아본 후 오곡면 사무소를 들른 뒤 곡성군 홍보담당자를 만나 호우 피해 현황을 청취했다. 호우경보가 내린 8월 7일부터 10일까지

3일간 평균 강우량은 429mm였고, 옥과면에는 555mm가 내렸다.

곡성군 호우 피해... 사망 6명, 피해액 539억 원

엄청난 폭우로 인해 발생한 사망자는 6명이다. 오산 성덕면에서 발생한 산사태로 5명이, 고달면에서는 급류에 휘말려 1명이 사망했다. 구체적인 피해 현황을 보면 도로 유실 12곳, 산사태 27곳, 주택침수 374채, 농경지 침수 560ha 등이다.

수재민을 돕기 위한 지원인력도 도착했다. 전남도청과 31사단 병력, 곡

1 환경 관련 글을 쓰는 고병렬씨가 홍수로 물에 잠겼던 부분을 가리키고 있다

2 물에 젖은 이불과 옷가지를 빨래해주기 위해 광주 전남 적십자사 직원 4명과 자원봉사자 5명이 수재민들을 돕고 있는 모습

3 공직에서 물러나 고향땅에 자리잡은 선배의 집모습. 자신이 그린 70~80점의 작품과 유명인사들의 유작도 물에 잠겨 폐기해야할 운명에 처했다

4 광양피엠씨텍 직원 10여 명이 구호물품을 들고와 봉사활동을 벌이고 있다. 이런 손길이 수재민들의 힘을 북돋아준다

성 경찰서 70명, 자원봉사자 30명이 수재민들을 돕기 위해 발 벗고 나섰다. 10일까지 복구지원에 나선 연인원은 1,249명이었고 11일에도 곡성군청 직원을 포함해 987명이 참여했다.

아픔을 함께하려는 노력도 이어졌다. 석곡농협에서 백세미 500kg, 옥과농협에서 김밥 50인분, 함양재해구호협회에서 바닥매트, 모포, 칸막이 등 6개 품목 1,663개의 구호품을 보내왔다. 삼성전자서비스는 직원 12명을 파견해 침수지역인 곡성읍 신리, 대평리에서 자가 가전제품 무상점검 서비스를 제공한다.

위에 적힌 피해액은 10일 현재까지의 잠정 추계액으로 앞으로 더욱 늘어날 것이다. 담당 팀장은 "침수된 주택복구가 가장 시급합니다. 하지만 대평리와 신리 쪽은 농경지가 침수되어 앞으로 농민들이 큰 걱정입니다."라고 말했다.

(20. 08. 12)

20년 전 쓴 시가 여순사건 추모곡이 된 사연

조계수 시인 시 '진혼'에 조승필 교사 작곡

오는 10월 19일은 여순사건 72주년이 되는 날이다. 당시 전남 동부권과 지리산 인근에서는 1만여 명의 희생자가 발생했다. 해서 관련 단체에서는 유가족들의 아픔을 치유하고 희생자들의 억울한 원혼을 달래기 위해 추모제를 열 예정이다.

10월 18일(일) 오후 4시 이순신광장에서는 여순사건희생자 합동추념식이 열린다. 추모 일정 중 하나는 추모음악회이다. 추모 음악 중 조계수 시인이 쓴 시에 조승필 작곡가가 지은 <진혼>이라는 노래가 눈길을 끌어 두 분을 만나 자세한 전말을 들었다.

작곡가 조승필씨는 여도초등학교에 재직 중인 교사로 지역교과서 출판위원이다. 동요와 시 노래를 활용해 100곡 이상을 작곡한 그에게 여순사건 추모곡에 얽힌 사연을 들었다.

"작년 제1회 여순항쟁창작가요제 이후 노래로 지역의 아픔을 함께하겠다고 다짐했어요. 광주 5·18에 <임을 위한 행진곡>, 제주 4·3에 <잠들지 않는 남도>가 있듯이 여순 10·19도 대표할 만한 노래가 있으면 좋겠다는 생각을 하고 있었습니다.

지난 9월 추석 전 여순사건 관련 지역교과서 신설단원 자료제작을 위해 시립묘지에 있는 희생자묘를 찾았어요. 비석 앞에 놓여진 2편의 시가 있었는데 한 편의 시를 읽고 머리를 얻어맞은 듯 한참을 멍하니 바라보며 서 있었습니다. 그 시가 바로 조계수 시인의 <진혼>입니다. 그날 바로 곡을 만들어 시인에게 연락하여 이순신광장에서 열리는 72주년 추모음악회에 이 곡을 올리기로 하였습니다."

조승필 교사가 온화한 미소를 짓고 있는 조계수 시인을 소개해줬다. 단아하면서도 어딘가 모르게 우수에 젖은 얼굴이다. "학창시절 시에 관한 상이란 상은 다 타봤지만 세상 밖으로 나오지 않고 조용히 시를 쓰겠다."고 말한 그녀는 "마스크를 쓰기 전에는 내 입에서 나온 말이 남한테 독이 되는 줄 몰랐어요."라며 그녀의 시 <진혼>에 얽힌 사연을 들려줬다.

"어느 날 한 통의 전화를 받았습니다. 여순사건 52주기 추모시로 쓴 시 <진혼>에 곡을 붙이고 싶다는 작곡가 조승필 선생이었습니다. 20년이 넘은 시를 기억해 주는 분이 있어 반가웠어요. 그것도 노래로 만들겠다는 것, 나의 슬픈 시가 노래가 되어 상처와 아픔을 나눌 수 있다면 시 이상의 감동이라는 생각이 들었습니다."

시가 탄생하게 된 계기는 이렇다. 2000년 9월 어느 날 여수지역사회연구소 이사장 이환희(작고) 선생으로부터 여순사건 52주년 추모시를 써달라는 부탁을 받았다. 순간, 죄 없이 죽임을 당한 무고한 시민들의 영혼을 달래는 진혼곡이 되어야 한다는 생각과 함께 불행한 역사의 진실이 드러나 희생자의 명예 회복이 되어야 한다는 소명의식을 갖게 되었다.

몇 개의 상징적인 언어가 풀어지면서 단숨에 쓰게 되었다. 이 시가 김금수 선생(한국노동사회 연구소 이사장)에 의해 <한겨레신문> 컬럼(2000년 9월 15일)에 소개되면서 유족이냐고 묻는 사람들이 많았다. 유족은 아니었지만 그 아픔이 그녀의 아픔으로 될 수 있었던 것은 그녀 안에 잠재되어 있는 슬픔의 근원 때문이 아니었을까?

그녀가 시를 쓴 지 이십 년이 흘렀지만 떠도는 원혼을 달랠 수 있는 것은 없다. 진실 규명도 명예회복도 되지 않았다는 게 더없이 안타깝다. "슬프다! 긴 세월이 짧아져 진혼을 노래하지 않아도 될 그런 날을 간곡히 기대한다."며 그녀는 소망을 말했다.

"72주기가 되니 52주기 때의 시 내용을 고쳐야 할 부분이 있었어요. '반세기 가려진 햇빛이니', '50년 바람 속'이라는 표현이 맞지 않았는데 악보가 나왔을 때 작곡자에 의해 그 부분이 '긴 세월'로 바뀌어 있었어요.

1 10월 18일 여수 이순신광장에서는 제72주년 여순사건희생자 합동추념식이 열린다. 추모식에서 부를 추모곡을 작곡한 조승필(오른쪽) 교사와 조계수 시인이 담소하고 있다

2 1950년 7월 16일과 23일 군경으로부터 110명 정도가 학살당한 애기섬을 바라보며 유족들이 울부짖고 있다

3 추석 무렵 작곡자 조승필 교사가 시립묘지를 방문했다가 우연히 조계수 시인의 <진혼>시를 발견하고 추모곡을 작곡했다. 묘비 왼쪽은 문병란 시인의 시이고 오른쪽이 조계수 시인의 시이다

그래도 좋았어요. 진혼은 여순사건 특별법이 제정되기 전까지는 불리어져도 될 듯싶어요.”

조계수 시인의 <진혼> 시

시월이 오면 어혈을 풀지 못한 여수 앞바다는
굽이굽이 갈기를 세워 달려든다
신월리에서 만성리에서 가막섬 애기섬을 돌아오는 저 외치는 자의 소리여
그 소리결에 천년을 두고도 늙지 않는 바람이
오동도 시누대 숲을 흔들어 깨운다
반세기 가려진 햇빛이(긴 세월) 비늘을 벗는다
살아서 죽은 자나 죽어서 산자나 이제는 입을 열어 말할 때
오! 그날 밤 하늘마저 타버린 불길 속에서 우리는 길을 잃었다
눈먼 총부리에 쓰러진 그들은 제 살 제 피붙이였다
밤새 돌아오지 않는 아들을 찾아
피묻은 거적을 들추는 어미의 거친 손
통곡조차 죄가 되던 세상
그 핏물 스며든 땅에 씀바귀 지칭개 민들레 들꽃은 다투어 피어나는데
아직도 어두운 흙속에 바람속에 두 손 묶여 서성이는 혼령이여 자유하라!
그대들을 단죄할 자 누구도 없나니
허물을 털고 일어서는 진실만이 용서와 사랑의 다리를 놓는 법
그 다리를 건너오는 아침을 위해 눈감지 못하는 하늘이여
다물지 못하는 바다여
50년(긴 세월) 바람속에 떠도는 호곡을 그치게 하라.

(20. 10. 15)

저 인물들 한이 많아 - 사람 사는이야기 값15,000원

2021년 12월 5일 인쇄
2021년 12월 9일 발행

지 은 이 오문수

교 정 이민숙 김옥선
진 행 문기덕
펴 낸 곳 도서출판 비지아이
펴 낸 이 신익재
출판등록 제2-3315호
등록일자 2001. 04. 19
주 소 서울특별시 양천구 곰달래로 11길 42-1
전 화 (02)2285-2710 FAX (02)2285-2714

ISBN 978-89-92360-61-6